불온한
신화 읽기

# 불온한 신화 읽기

『바가바드기타』는 인도를 어떻게 신비화하였는가

박효엽 지음

글항아리

난간에서 『바가바드기타』를 읽고 있는 중년 남성의 모습. 『바가바드기타』는 현재까지 널리 애독되고 있는 생생한 고전이다.

인도에서 폭넓게 숭배되는 비슈누 신 부부의 모습. 크리슈나 신은 비슈누 신의 여덟 번째 화신으로 내려왔다.

사원에 새겨진 『바가바드기타』 그림. 『바가바드기타』의 두 주인공 아르주나 왕자와 크리슈나 신은 같은 마차를 타고 전쟁에 나선 운명 공동체다.

사원에 새겨진 『바가바드기타』의 한 장면. 『바가바드기타』는 사촌지간인 판다바 무리와
카우라바 무리가 벌인 18일 전쟁의 첫날을 배경으로 하고 있다.

18일 전쟁의 배경인 쿠루 지역에 있는 하스티나푸라 왕국의 유적지

아슈람 앞에서 쉬고 있는 수행자

© 양영근

연못의 둑에 앉아 경전을 읽는 수행자

엘로라 석굴에 있는 『마하바라타』 부조. 『바가바드기타』는 『마하바라타』의 한 부분을 구성한다.

갠지스 강가에 차려진 신전. 『바가바드기타』에서부터 여러 신을 숭배하지 않고 최고신만을 숭배하는 새로운 풍경이 등장하기 시작했다.

신을 향한 제의를 준비하는 모습. 『바가바드기타』에는 종교 개혁의 목소리가 알알이 새겨져 있어 신과 인간의 온전한 관계가 바로 서는 계기가 되었다.

힌두교도들이 아침 기도를 올리고 있는 모습

전통 교육 기관에서 공부하는 학생들. 인도에서는 자신이 읽은 경전에 관해 여럿이 모여 우호적으로 이성과 논리를 투영한 활발한 논의를 수행해왔다. 『바가바드기타』의 탈신화화를 위해서도 필요한 과정이다.

『바가바드기타』라는 고전을 잘 볼 수 있도록 고매하거나 명석한 여러 영혼이 이미 무수한 전망을 제시하였다. 그래서 이 책에 제시되는 또 하나의 전망은 아주 여릿한 빛조차 뿜을 수 없을지도 모른다. 하지만 어찌하랴. 지금으로서는 자기 눈에 보이는 만큼만 보일 테니 여릿한 빛이라 할지라도 스스로 사랑하는 수밖에 없다.

이 책은 기본적으로 『바가바드기타』의 해설서이다. 해설서이긴 하되 일반적으로 알려진 해설을 되짚어보고 또 뒤집어보려 한다. 따라서 이 책은 『바가바드기타』에 대한 해설서인 동시에 여러 해설서의 재해설서이기도 하다.

한마디로 말해 이 책이 취하는 전략은 『바가바드기타』를 상식의 눈으로 또 일상의 눈으로 바라보는 데 있다. 그리고 무엇보다 신비적이고 낭만적인 접근이 아니라 현실적이고 비판적인 접근을 시도하는 데 중점을 두었다. 힌두교의 최고 경전인 『바가바드기타』를 분석적으로 읽는 것이 오히려 『바가바드기타』를 더 사랑하는 길이라고 믿기 때문이다.

여는 글과 닫는 글을 빼고 일곱 개의 장으로 구성된 이 책에서는 『바가바드기타』의 가르침을 일곱 개의 큰 주제에 따라 분석한다. 『바가바드기타』를 여러 각도에서 비춰보는 일곱 개의 단편영화쯤 된다고 할 수 있겠다.

한 가지 염려스러운 점은 『바가바드기타』를 읽는 데 지나치게 사유를 개입시키지 않았나 하는 것이다. 위대한 경전을 두고 이렇게 생각하고 또 생각하는 것에 대해 그리 달가워하지 않을 사람들이 많으리라.

그럼에도 안도하는 점은 인도의 전통에서는 사유가 한계를 가질 뿐 경계를 가지지 않는다는 전제하에 오히려 경전의 내용을 의심하고 그 의심을 풀어나가는 식의 공부를 적극 장려했다는 것이다. 언젠가 『바가바드기타』를 또 다른 전망으로 읽는 날이 온다면 오늘의 공부가 아마도 두터운 밑거름이 될 것이리라.

이 책의 씨앗은 경북대학교 동서사상연구소의 고전강독모임인 〈고로청향〉에서 뿌려졌다. 열매를 맺기까지 부산의 산스크리트어 강독모임인 〈띠띠르샤〉의 구성원들(고순화, 윤나영, 한미경, 김해경, 홍정희, 김성희, 송맹은)이 여러모로 도움을 주었다. 모두에게 고마움을 전한다. 특별히 사진을 제공해주신 허남인님의 정겨운 마음에 고개를 숙인다.

　아직까지는 말을 하거나 글을 쓸 때 새롭고 강한 주장을 함으로써 시끌벅적하게 이야기판을 벌여야 한다고 생각하는 편이다. 이 책을 통해 펼친 나의 주장들이 여기저기서 소란과 파문을 불러일으킨다면 그보다 더 좋을 수 없겠다.

2011년 가을,

박효엽

『바가바드기타』는
인도의 힌두교를 대표하는 경전이다.
그 뜻은 '거룩한 이의 노래' 혹은 '신의 노래'이다.
인도에는 『마하바라타』라는 방대한 서사시가 있는데,
사촌끼리 왕권을 둘러싸고 벌이는 전쟁 이야기다.
『바가바드기타』는 바로 이 서사시의
아주 짧은 일부를 이루고 있다.

## 일러두기

1. 이 책에서는 『바가바드기타 Bhagavad-gītā』를 줄여서 『기타』라고 표기했습니다.
2. 『기타』의 내용을 직접 인용한 문구는 인용문 끝에 ( )으로 출처를 밝혔습니다. 예를 들어 '(3.35)'란 『기타』의 3장에서 35번째의 2행시를 뜻합니다.
3. 가상 인물들 간의 대화, 가상 인터뷰 등이 포함된 책 속 대부분의 내용은 지은이의 창작을 바탕으로 구성한 것입니다. 다만 1장의 "18일 전쟁의 교훈"과 5장의 "크리슈나의 다면성이 말하는 것은"은 Bimal Krishna Matilal이라는 학자의 *Ethics and Epics*(Oxford University Press, 2002)를 많이 참조한 내용입니다. 이외에 지은이가 참조한 문헌들은 책의 끝부분에 목록으로 제시했습니다.
4. 주제를 보다 쉽고 간결하게 전달하기 위해 동원된 책 속 가상 인물들은 저자가 『기타』의 맥락을 참고하여 설정한 것임을 밝힙니다.

# 『바가바드기타』의 위대함에는 내용이 없고 선전만 있다

크리슈나가 말한다.

"아르주나여,

베다의 언어에 몰두하며

그 외에 다른 것은 없다고 떠드는 어리석은 자들은

그 화려한 말을 지껄인다오.

욕망을 본성으로 하고 천국을 목적으로 하는 그들은

행위의 결과인 환생을 부여하고 향락과 권력을 획득하는

여러 특별한 제의에 관한 말을 지껄인다오.

이러한 말들에 정신을 빼앗기고

향락과 권력에 탐닉하는 자들에게는

결단적인 지성이 삼매를 향하지 못한다오."

(2.42~2.44)

## 『기타』, 힌두교의 바이블

요가 강연에 참석한 어떤 사람이 이렇게 묻는다.

"인도 문화를 알고 싶은데 어떤 책을 읽는 게 좋을까요?"

"글쎄요. 인도의 향기가 가득한 고전을 원하는 건가요
아니면 인도 문화에 관한 최신의 해설서를 원하는 건가요?"
"가능하다면 고전이 좋지 않을까요?"

이쯤 되면 아주 어렵다. 머릿속에 인도의 고전 목록을 분야별로
쭉 훑어볼 수밖에 없다. 그러나 인도가 여전히 '거지와 구도자들이
사는 나라' 정도로 알려져 있는 이상 분야는커녕 몇몇 고전의 제목
을 나열하는 것마저 벅찰지도 모른다.

그러다가 갑자기 『기타』라는 고전을 떠올릴 수 있다. 『기타』라면
아무래도 사상, 종교, 문화, 역사 등 여러 분야를 총망라하여 인도
의 고갱이를 전해줄 것만 같다. 맞는 말이다. 서양 문화를 알려면
기독교의 『성경』을 알아야 하듯이 인도 문화를 알려면 힌두교의 바
이블인 『기타』를 알아야 한다.

그런데 『성경』에 비유되는 『기타』는 과연 얼마나 잘 알려진 고전
일까? 인도에서 『기타』의 지명도를 따질 필요는 없다. 힌두교도이
고 기본 교육을 받은 사람이라면 풍월로나마 『기타』에 관해 한두
번은 들어보았을 테니까. 한국에서 『삼국유사』와 같은 책을 모르는
사람이 거의 없는 것과 비슷하다.

인도 바깥에서는? 정확한 통계는 알 수 없지만 인도 고전어인 산
스크리트어로 쓰인 이 책의 영어 번역본만 300여 가지이며 영어 이
외의 언어로 된 번역본도 200여 가지라고 한다. 한글 번역본도 두

손으로 꼽아야 할 정도이다. 이 정도면 가히 전 세계적인 지명도를 가진 고전이라고 말할 수 있다. 통계가 전부는 아니지만 인도의 고전 가운데 이 책만큼 널리 알려진 것은 분명 존재하지 않는다.

그럼에도 『기타』에 대해 알고 있는 내용을 꼽으라면 대부분의 사람들은 알고 있는 바가 거의 없다. 다음의 내용 정도만 알아도 굉장하다고 볼 수 있다.

첫째, '바가바드'라는 말은 '거룩한 이'나 '신'이라는 뜻이고, '기타'라는 말은 '노래'라는 뜻이다. 이 둘을 합하면 '거룩한 이의 노래' 혹은 '신의 노래'라는 뜻이 된다.

둘째, 인도에는 호머의 『일리아스Ilias』와 『오디세이Odyssey』에 비견되는 2대 서사시가 있는데, 『라마야나Rāmāyaṇa』와 『마하바라타Mahābhārata』이다. 『기타』는 바로 『마하바라타』의 한 부분을 구성한다.(『마하바라타』는 『일리아스』와 『오디세이』를 합한 것보다 그 분량이 여덟 배나 더 많다고 알려져 있다.)

인도의 고대 문헌을 많이 아는 사람은 『기타』가 인도와 힌두교에서 어떤 위상을 차지하는지 힌두교의 전형적인 신학자가 알려주는 다음 말을 이해할 수 있을 것이다.

"『베다Veda』는 히말라야 설산의 정상과 같습니다. 사람의 발길이 닿지 않은 순백純白의 정상은 마치 신의 계시가 이루어지는 장소와 같습니다. '앎'을 뜻하는 베다란 곧 계시입니다. 여러 『우파니샤드』는 그 정상의 백설이 녹아 흐르는 실개천들과 같습니다. 눈의 결정結晶과 같은 계시의 말씀을 인간이 이해하고 체험하면 그 눈이 녹아 인간의 마음에 흐르는 지혜가 될 것입니다. '우파니샤드Upaniṣad'라는 말의 뜻처럼 '가까이 내려 앉아' 겸손하게 그 말씀의 지혜를 간구해야 합니다. 마지막으로 『기타』는 그 여러 실개천이 모여서 이루어진 산정호수와 같습니다. 인간이 경험한 가지각색의 지혜는 흐르고 흘러 결국 하나의 진리로 수렴되지 않습니까. 그것은 마치 여러 실개천이 호수로 흘러들어가는 모습과 같을 것입니다. 사람들은 여러 기타(노래)를 부를 수 있지만 진리의 기타는 하나뿐이랍니다. 진리는 하나인데 시인들이 여러 방식으로 노래를 부른다고 『베다』에서도 말하지 않습니까."

『베다』라는 것은 인류 역사에서 가장 오래된 문헌 가운데 하나이고, 『우파니샤드』라는 것은 『베다』의 끝부분을 형성하는 문헌이다. 붓다가 불교를 창시하기 전에 성립한 이 두 문헌은 힌두교도에게 절대적인 진리로 받아들여진다. 『기타』는 이 두 문헌의 위대한 지혜를 모아 보다 대중적인 목소리로 재현한 작품이다. 그러니 『기타』가 힌두교도에게 널리 사랑받는 것은 매우 당연해 보인다. 그 세월이 무려 2000여 년 동안이다.

기원전 200년에서 서기로 넘어가기 전 사이를 『기타』의 성립 시기로 볼 수 있는데 사실 그 시기에 관해서 지금까지 여러 견해가 대립하고 있다. 그럼에도『기타』가 신약성서보다 더 이전에 성립한 것은 틀림없다. 심지어『기타』의 원형은 초기 불전보다 더 이전에 성립했을 가능성도 있다. 어쨌든『기타』의 성립 시기를 따질 때『마하바라타』의 서사敍事가 기원 전후에 걸쳐 1000년 이상의 세월 동안 생성되고 결집되고 증보되면서 최종적인 형태를 갖추게 되었다는 점을 고려할 필요가 있다.

　요점은 이렇다.『기타』를 호수에 비유한 것은 아주 탁월하다. 호수로 강물이 흘러들어오고 흘러나가듯이『기타』는 그 이전에 나타난 사고체계의 종착역이요, 그 이후에 등장하는 사고체계의 출발점이다. 그 이전에 나타난 사고체계를『기타』가 대부분 포용하고 종합하기 때문에 그 이후에 등장하는 사고체계는 대부분『기타』에 기원을 둔다고 말할 수 있다.『기타』는 힌두교도에게 끊이지 않는 사유의 화수분이자 없는 것이 없는 사유의 백화점인 셈이다.⠃

　그렇다 보니 인도의 역사에서 새로운 사상가나 개혁자가 등장할 때마다『기타』라는 철학적이고 종교적인 시에 대한 새로운 해설이 등장하였다. 대표적으로 힌두교에서 최고의 사상가이자 신학자인 샹카라Śaṅkara(700~750), 비슈누 신을 숭배하는 종파를 창시한

---

⠃ 물론 부정적인 평가도 있다. 어떤 역사학자는『기타』를 '교활한 기회주의적 경전'이라고 평가한다. 예를 들어『기타』는 카스트제도를 옹호하거나 부정하는 데 둘 다 써먹을 수 있다면서『기타』가 코에 걸면 코걸이, 귀에 걸면 귀걸이와 같은 성격의 경전이라는 것이다.

라마누자Rāmānuja(1055~1137)와 마드바Madhva(1199~1278), 쉬바신을 숭배하는 종파들 사이에서 최고의 철학자 겸 신학자로 일컬어지는 아비나바굽타Abhinavagupta(11세기경) 등등이 주석서를 썼다.

여기에 특이한 점이 있다. 힌두교에는 비슈누Viṣṇu 종파와 쉬바Śiva 종파가 양대 세력인데 『기타』가 비슈누 종파에서 최고로 권위 있는 경전임에도 쉬바 종파의 신학자까지 주석서를 썼다는 것이다. 그만큼 『기타』는 범종파적이고 보편적인 경전이었다.

20세기에도 『기타』에 대한 관심은 멈추지 않았다. 인도 독립운동의 핵심인물인 틸락B.G. Tilak(1856~1920)은 주석서를 썼고 마하트마 간디Mahatma Gandhi(1869~1948)는 해설서를 썼다. 특히 틸락은 영국으로부터 인도가 독립하기 위해서는 『기타』에서 적극적인 행동을 배워야 한다고 역설했다. 이는 『기타』에 대한 획기적인 해석이라고 알려져 있다. 간디가 평생 『기타』를 연인처럼 곁에 두었다는 사실은 굳이 이야기할 필요조차 없을 것이다. 신비적인 수행자이며 탁월한 저술가였던 오로빈도Aurobindo(1872~1950)는 자신이 제창한 '통합적 요가'를 『기타』에서 뒷받침하려고 했다. 또 유명한 인도철학사를 썼고 독립 후 대통령이 되었던 라다크리슈난Radhakrishnan(1888~1975)은 자신의 철학을 '통합적 경험'의 일종이라고 여기면서 그 뿌리를 『기타』에서 찾고자 했다.

이처럼 『기타』는 찬란한 영광의 역사를 지닌 채 현재 인도에서도 그 빛을 잃지 않고 있다. 서점에 가면 『기타』와 관련된 책들이 책장 하나쯤은 너끈히 채우고도 남는다. 『기타』 암송대회에 나가기 위해 어린 학생들이 산스크리트어로 된 2행시를 외는 풍경도 만날 수 있다. 또 종교에 관해 조금이라도 심각한 대화가 오갈 때면 어김없이 『기타』에서 한두 문장이 인용되며 평범한 주부조차도 오후의 한가로운 시간에 그늘 아래서 『기타』의 구절들을 곰곰이 되짚는다. 어떤 찬사가 더 이상 필요하랴. 『기타』가 인도 사람들의 일상에서 여전히 살아 움직이는 고전이라고 판명된다면 다른 어떤 찬사도 빛을 잃을 뿐이다. 학문의 대상으로만 남아 있는 고전들에 비해 『기타』야말로 현재까지 널리 애독되고 있는 생생한 고전이다. 이 때문에 『기타』는 '인도의 영혼'이라고 불릴 수 있다.(아무래도 영혼이라는 것이 있다면 육신을 떠나고 되돌아오는 일을 반복해도 결코 사라지지 않을 것이다.) 인도의 영혼인 『기타』는 구시대를 떠나 새 시대를 맞는 일을 반복하더라도 시대를 초월하여 긴 생명력을 유지한다. 놀랍다. 그리고 이 놀라운 즈음에 누군가는 이런 질문을 할 수 있다.

"그런데 구체적으로 『기타』의 어떤 점이 위대한 거죠?"

# 『기타』의 위대함에 의문을 품기

"저는 뭐가 뭔지 하나도 모르겠어요. 나름대로 인도 문화를 좀 안다고 자부했는데 막상 『기타』를 읽으니 무슨 말인지 도무지 이해되지 않더라고요. 조금이라도 이해를 해야 『기타』에 대해 뭐라고 한마디라도 하죠. 당최 이해가 되지 않으니 감동을 말할 수도 없네요."

『기타』를 직접 읽어본 사람이 이렇게 고백한다. 『기타』가 인도를 아는 데 최고의 고전이라고 여러 사람이 동의하지만 우선 무슨 내용인지 알아야 어떤 평가라도 할 것이 아닌가.

『기타』를 읽어도 이해가 되지 않는 사람이 많다면(실제로 매우 많을 것이다), 다음의 세 가지를 생각해볼 수 있다.

첫째, 『기타』는 본래 누구든지 이해하기 어렵다. 둘째, 『기타』는 누구든지 이해할 수 있지만 준비되지 않은 사람은 이해가 불가능하다. 셋째, 『기타』는 읽는 사람의 수준에 따라 이해의 폭이 천차만별이다.

첫째는 『기타』가 불가해不可解하거나 난해難解하다는 점이다. 다른 문화권에서 『기타』를 읽는 데 어려움이 있는 것은 사실이기 때문에 불가해하다기보다는 난해하다는 것이 맞겠다(낯선 배경, 낯선 용어, 낯선 비유 등). 『기타』의 난해함을 각오하지 않는다면 애당초에 읽는 것을 포기하는 게 더 낫다. 둘째는『기타』를 탓하지 말고 자기 자신을 탓하라는 것이다. 셋째는 자기 자신이 이해할 수 있는 만큼『기타』를 이해할 수 있다는 현실을 인정하라는 것이다. 두 경우 모두 자기 자신에게도 문제가 있음을 반성하라는 분위기를 풍긴다.

결국 다 좋은 말이고 받아들일 수 있는 말이다. 그런데 여기서 이런 질문을 던져볼 수 있다.

"만약『기타』를 이해할 수 없어서『기타』를 평가할 수 없다면『기타』 자체에 어떤 심각한 문제가 있지 않을까?"

어쩌면 이는 힌두교도에게 매우 불경스러운 질문일지 모른다.『기타』가 어려워서 이해 못 하는 것도 아니요,『기타』를 읽는 사람이 준비되지 않아서 이해 못 하는 것도 아니요, 오로지『기타』에 치명적인 문제가 있어서 이해하지 못하는 것이라니!

사실『기타』의 좋은 평판을 부정하는 사람들이 꽤 있었다. 특히 서구의 지식인들은『기타』의 가르침이 잡동사니와 같다거나 횡설수설한다거나 또 설득력이 없으며 폭력적이라고 평가하곤 했다.『기타』를 소중하게 여기는 사람은 이러한 평가에 크게 분노했다.『기타』의 훌륭한 가르침을 깨우칠 만한 정신적 수준이 되지 않는 지식인들의 평가에 불과하다고.

하지만 다른 이유를 들어『기타』자체에 결함이 있다고 주장할 수 있다. 『기타』는 대부분의 사람들에게 속시원히 읽히지 않는다거나 『기타』를 어느 정도 읽은 사람조차도 『기타』의 위대함이 무엇인지 속시원하게 말하지 못한다는 점, 누군가가 『기타』의 위대함을 선명하게 말하더라도 그것을 듣고서 쉽게 동의하지 못한다는 것이 그 예이다.

모든 고전이 다 그렇다고? 속시원하게 모든 것이 드러나는 고전을 어찌 고전이라고 할 수 있겠냐고? 왜 『기타』만을 유독 까칠하게 대하느냐고? 이유를 들어보니 도리어 속이 더 답답하다고? 그런데 실제로 『기타』를 읽은 후 관련 해설서를 읽어보면 『기타』 자체에 결함이 있다는 주장에 동의할 가능성이 높다.

저 수많은 찬사를 뒤로한 채 『기타』가 도대체 무엇을 말하고 있는지 이리 보고 저리 봐도 잘 알 수가 없다. 지나치게 큰 기대를 하고 『기타』를 만난 것 때문일지 모른다고 여긴 채 아주 평범한 진리를 찾으려고 눈을 부릅떠도 어디서든 실마리를 찾기가 어렵다. 어느 정도 교양을 갖춘 사람이라면 자기 나름대로 독후감 정도는 쓸 수 있어야 좋은 고전일 텐데 어쩌면 『기타』는 그저 겉으로 위대하다는 선전을 남발해온 빈껍데기 같은 고전일지도 모른다. '도대체 『기타』의 위대함은 구체적으로 어디에 있을까?'

사실 이처럼 『기타』를 물고 늘어지는 이유는 간단하다. 그동안 『기타』의 위대함에 관해 이미지와 구호만 남발되었기 때문이다. 이 점을 반성하기 위해서라도 『기타』를 해부대 위에 올려놓아야 한다.

좀 엉뚱할 수 있지만 『기타』를 향한 맹목적인 숭배는 동도서기東道西器라는 이분법적 견해와도 관련이 있다. 극단적으로 말해서 동도서기는 칼로 두부를 자르듯이 동양을 정신문명으로, 서양을 물질문명으로 나누면서 동양의 정신문명이 더 우월하고 마지막에는 반드시 승리할 것이라고 믿는 사상이다.

이 사상은 동양인에게 얼핏 매력적으로 보이기 때문에 자칫 무비판적으로 받아들이기 쉽다. 진정 동양은 정신문명이고 서양은 물질문명인지 묻지 않은 채 동양의 어떤 정신문명이 구체적으로 더 우월한지 찾아보려는 시도조차 하지 않는 것이다. 아울러 진정 동양의 정신문명이 반드시 승리해야 하는 이유가 무엇인지도 생각하지 않는다. 이미지와 구호는 아주 달콤하게 이미 동양의 정신문명이 승리를 한 것 같은 느낌을 준다. 『기타』야말로 동양의 정신문명을 대표하는 고전이다. 그러니 동도서기와 같은 견해를 좋아하는 사람이라면 이 고전을 가만히 내버려둘 리가 없다. 『기타』에는 위대함의 이미지와 구호가 뗄 수 없는 거북이의 등껍질처럼 달라붙는다. 이것은 아주 쉽게 증명된다. 즉 '동양의 정신문명은 서양의 물질문명보다 훨씬 뛰어나다. 『기타』는 동양의 정신문명의 정수이다. 그러므로 『기타』는 세계에서 가장 위대한 고전이다.'

이렇게 『기타』의 신화가 만들어진다. 이미지와 구호만이 있는 곳에는 내용이 빈약하다. 내용이 빈약하면 『기타』의 위대함에 관한 구체적인 대답을 들을 길이 없다. 어쩌면 『기타』의 신화는 미운 오리새끼가 백조가 되는 동화와 비슷하다. 실제로 백조가 아닌 오리인데 누군가 백조라고 만천하에 알려버린 것인지도 모른다는 것이다. 계속해서 이미지를 조작하고 구호를 외치면 속지 않을 사람이 없다. 그 '누군가'는 누구일까? 바로 서양의 식민 지배자들, 특히 영국이다. 그렇다. 『기타』의 신화는 식민지가 만들어낸 결과물이다. 『기타』가 힌두교의 위대한 바이블이 된 것은 영국 덕택이다. 인도가 『기타』의 의의를 스스로 찾은 게 아니라 영국이 인도에 『기타』의 의의를 찾아준 것이다(즉 영국이 『기타』를 미운 오리새끼에서 백조로 만들어준 것이다).

잘 알다시피 인도는 다양성을 온몸으로 보여주는 나라이다. 무수한 왕국이 흥망성쇠를 거듭한 4000여 년의 역사, 서로 대화가 불가능한 여러 언어, 힌두교 내에서도 다신론에서 일신론까지 가지각색인 종파들, 고행부터 광기까지 스펙트럼이 넓은 수행 방법들 등등. 과연 이러한 환경에서 하나의 문헌이 『성경』과 같은 압도적인 위상을 차지할 수 있겠는가?

예를 들어 인도에서 가장 정통적이라고 알려진 '아드바이타 베단타Advaita Vedānta' 종파를 살펴보자. 이 종파에 속한 학자라면 주저 없이 다음처럼 말할 수 있을 것이다.

"우리 종파는 『기타』가 상대적으로 중요하지 않아요. 우리에게는 『베다』가 바이블인 셈이죠. 특히 『베다』의 끝부분인 『우파니샤드』의 말씀을 절대적인 것으로 간주해요. 그렇다고 해서 『기타』
가 중요하지 않은 건 아니에요. 『기타』는 신의 노래이니만큼 『우
파니샤드』의 가르침을 뒷받침해주는 중요한 역할을 하죠. 그러나
만약에 『우파니샤드』와 『기타』의 가르침이 서로 모순되는 경우가
발생한다면, 그런 경우는 거의 없겠지만 우리는 서슴없이 『우파니
샤드』의 가르침만을 진리로 여길 거예요."

이건 하나의 예에 불과하다. 인도에서는 무수한 종파들이 각각
나름대로 최고의 권위를 가지는 경전을 모신다. 한 종파가 으뜸으
로 여기는 경전을 다른 종파에서는 무시할 수 있다. 서양의 기독교
에서 그 어느 종파나 예외 없이 『성경』을 절대적으로 여기는 것과는
다르다. 따라서 『기타』는 그저 힌두교에서 중요하게 생각하는 많은
경전 중 하나에 불과하다.(심지어 『기타』라는 이름을 가진 문헌들도 매우
많다.)

전술했다시피 『기타』가 힌두교의 『성경』과 같은 위상을 차지하게
된 사연은 인도가 영국의 식민지이던 때부터 만들어졌다. 영국 학
자와 인도 학자가 만나 식민지 시대의 힌두교와 『기타』에 관해 회상
한다면 다음과 같은 대화를 나눌 것이라고 충분히 상상할 수 있다.

영국인 그렇다면 우리가 별볼일 없는 『기타』를 『성경』과 같은 지
위로 격상시켰다는 말이군요. 그 말이 맞다면 이유가 뭘까요?"

**인도인** 그건 당신들이 기독교에 『성경』이 있으니 힌두교에도 하나의 『성경』이 있을 거라고 추정했기 때문이죠. 그래서 찾아낸 게 『기타』예요. 『기타』만큼 중요한 경전들도 많았지만 그나마 상대적으로 가장 많은 종파가 받아들이고 가장 많은 민중이 읽는 경전이었으니까요.

**영국인** 제가 아는 바로는 식민지 시대에 힌두교를 기독교화하려고 시도한 사람들은 힌두 개혁가들인데요.

**인도인** 네, 맞아요. 자격지심이 있던 힌두 개혁가들이 힌두교를 기독교처럼 개혁해야 한다고 생각하면서 『기타』를 『성경』의 자리에 올려놓았죠. 하지만 근본적인 원인을 더 따져보자는 거예요. 잘 봐요. 힌두 개혁가들은 식민지의 지배자로서 잘난 영국의 모든 것을 모방하려고 했어요.

하지만 그러한 모방을 처음 시작하게 만든 것은 영국이죠. 모방이란 뭔가요? 모방이란 원래의 것과 '거의 똑같지만 완전히 똑같지는 않은' 무언가를 만드는 거예요. 그래서 영국은 인도를 잘 지배하기 위해서 영국 체제와 '거의 똑같지만 완전히 똑같지는 않은' 인도 체제를 만들었어요. 우선 두 체제가 거의 똑같아야만 자신들의 식민지로 잘 이용할 수 있죠. 그러나 두 체제가 완전히 똑같아지면 더이상 식민지로 남아 있지 않으려고 할 거예요. 그리하여 '거의 똑같지만 완전히 똑같지는 않은' 모방을 통치 전략으로 삼았던 거죠. 영국이 사용한 이 모방의 전략을 그대로 힌두 개혁가들도 사용하게 되죠.

결국 이런 거예요. 비록 힌두 개혁가들이 『기타』를 『성경』의 자리에 올려놓았을지라도 근본적으로 영국의 거대한 식민지 전략 안에서 행해진 일일 뿐이죠.

영국인 『성경』과 '거의 똑같은' 『기타』가 인도의 힌두교를 더 잘 통제할 수 있다는 말이군요. 하지만 『기타』가 『성경』과 완전히 똑같아지면 힌두교가 기독교와 동등해지니까 『기타』는 『성경』과 완전히 똑같지는 않아야겠네요.

인도인 네, 잘 이해했군요. 『기타』는 결국 '거의 똑같지만 완전히 똑같지는 않은' 식민지의 바이블인 셈이죠.

사실 『기타』의 어떤 점이 구체적으로 위대한지 아는 것은 나중의 일이다. 다만 그 이전에 태도의 전환이 먼저 요구된다. 여기에는 무작정 『기타』가 위대하다고 앵무새처럼 읊조리지 말자는 것, 그리고 『기타』의 위대함조차 식민지 시대의 통치 전략으로 조작된 것일 수 있으니 그 위대함을 지금까지와는 조금 다른 방식으로 찾아보자는 것이 포함된다.

# 『기타』를 영점零點으로 놓는다는 것은?

'인도에도 시간은 흐른다.' 하나 마나 한 말일까? 그렇지 않다. 인도에 관한 이야기는 초월, 불멸, 무한, 영원 등으로 도배가 되다시피 해서 인도에는 역사가 흐르지 않은 것처럼 느껴진다. 그래서 인도에도 역사가 흐르고 시간이 흐른다고 말하는 것이다.

다른 건 차치하고서라도 『기타』를 읽을 때는 무엇보다 역사적 배경을 충분히 숙지해야 한다. 확실한 역사적 사실로부터 출발해야만 『기타』에 덧씌워놓은 환상들을 어느 정도나마 지울 수 있다. 더욱이 『기타』가 설파하는 여러 지혜 중에도 고대 인도에서만 유효한 것들이 많다. 그러니 『기타』에 관한 역사적 배경을 아는 것은 『기타』의 가르침들 중에서 옥석을 가리는 데 매우 유용하다.

주의해야 할 점은 분량으로 볼 때 서사시 『마하바라타』와 이 서사시의 0.7퍼센트를 차지하는 『기타』 사이의 관계이다. 『기타』는 『마하바라타』와의 관계 속에서 보다 더 잘 이해되기 때문이다.

물론 『기타』는 『마하바라타』의 아주 작은 부분을 구성하면서 독립성을 가지는 경전이다. 그렇다고 해서 뭐가 달라지는가. 어차피 『기타』에 등장하는 주인공들은 하늘에서 뚝 떨어진 인물들이 아니다. 『마하바라타』의 아득한 이야기들을 모두 몸과 마음에 각인하고 있는 인물들이다. 만약 『마하바라타』의 과거적 삶이 없다면 『기타』에서 주인공들은 그 어떤 삶의 표정조차도 가질 수 없을 것이다.

이런 맥락 속에서 『기타』의 특징을 이야기하면 다음과 같다.

첫째, 『마하바라타』의 주인공은 왕족이지만 이 서사시가 '민중의 베다'(민중을 위해 민중의 삶을 녹여서 만든 마치 계시와도 같은 앎)라고 불리듯이 대부분의 가르침은 민중을 위한 것이다. 마찬가지로 『기타』의 주인공도 왕족이지만 신의 노래(가르침)는 민중을 위한 것이다. 『베다』는 인도를 침입한 아리안 족의 문명이 남긴 문헌이다. 반면에 『마하바라타』는 인도에 본래 살고 있던 토착민의 사상, 종교, 신화, 전설, 제도, 풍습 등이 반영되고 종합된 문헌이다. 토착민은 대부분 피지배자인 민중이었기 때문에 『마하바라타』는 그야말로 인도 고대 민중의 삶이 풍부하게 녹아들어간 민중의 지혜서이다. 다만 왕권을 다투는 전쟁 이야기이다 보니 『마하바라타』의 주인공은 왕족이다. 이야기의 겉은 왕족의 고귀한 삶을 중심으로 전개되지만 속은 민중의 지혜를 가득 담고 있다. 『기타』도 이러한 맥락을 바탕으로 읽어야 한다.

둘째, 『마하바라타』에는 고대 인도를 좌지우지하던 여러 사유체계가 절묘하게 혼합되어 있다. 『기타』도 여러 상반된 사상과 사고방식이 잘 반죽된 채 다양성의 통일을 보여준다. 하지만 다른 관점에서 보면 그 반죽이 너무 성급해서인지 서로 다른 사유 체계 간의 관계를 그려내는 것이 고르지 않다는 점이 눈에 띈다. 이 때문에 『기타』를 읽기가 쉽지 않다.

셋째, 『마하바라타』는 근본적으로 인도 또는 힌두의 영웅 이야기이고 이 영웅을 중심으로 인도의 민족 정체성과 힌두의 종교 정체성을 은연중에 강화한다. 『기타』도 마찬가지일 수밖에 없다. 『기타』의 두 주인공인 '크리슈나Kṛṣṇa 신'과 '아르주나Arjuna 왕자'는 『마하바라타』 전체에 걸쳐 등장하는 최고의 영웅들이다. 『기타』에서 아르주나 왕자는 대부분의 영웅이 그러하듯 잠시 인간적인 고뇌에 빠진 모습을 보이고 크리슈나 신은 그 고뇌를 진정성 있게 해소한다. 이것이 『기타』의 핵심 줄거리이다. 이 중독성 있는 영웅 이야기는 듣고 또 들어도 감동적인 모양이다. 현대의 인도인과 힌두교도는 『마하바라타』⊛나 『기타』를 통해 자신들이 인도인이며 힌두교도라는 것에서 뜨거운 동질감을 느낀다.

넷째, 『마하바라타』는 고대 인도에 힌두교 식의 사회 질서를 확립하고 유지시키기 위해 힌두교 방식의 도덕을 곳곳에 담고 있다. 『기타』는 드러내놓고 그러한 도덕을 강력하게 설파한다.

『마하바라타』가 성립한 시기는 불교가 융성한 시기와 겹친다. 당시 불교의 확산에 두려움을 느낀 힌두교의 지배층은 민중을 힌두교에 단단히 붙들어놓기 위해 민중의 삶을 『마하바라타』로 끌어들였다. 민중에게 안정적으로 개선된 힌두교의 생활윤리를 널리 홍보하려고 힘쓰는 등 적극적인 행보를 펼쳤다. 평범한 사람들도 홀

---

⊛ 참고로 '바라타'는 인도인이 자국을 부르는 명칭이다. '마하'는 '큼, 위대함'을 뜻한다

륭하게 살 수 있다는 것! 보통 사람들도 출가한 승려처럼 고결한 삶을 살 수 있으며 사회생활을 하면서 고귀한 가치를 실현할 수 있다고 꾀었던 것이다. 『기타』의 핵심적인 가르침은 바로 이러한 목적에서 전해질 뿐이다.

이 정도가 『마하바라타』 혹은 『기타』의 간단한 역사적 배경이다. 이러한 배경을 깡그리 무시한 채 『기타』의 가르침을 평가하는 것은 매우 위험하다.

역사적 배경 운운하는 까닭은 단순하다. 환상에 기대어 『기타』에 다가가지 말고 사실을 통해 『기타』에 다가가자는 것이다. 다시 말하면 역사에서 『기타』를 슬쩍 분리한 채 온갖 공상을 동원하여 신성하고 보편적인 가르침이라고 무작정 우기지 말자는 것이다. 『기타』의 이미지나 명성을 좇지 말고 『기타』의 실체를 하나씩 확인해 가자는 것이다. 그러면 혹 『기타』는 종교 서적이 아니고 다만 그 가르침이 종교적일 뿐'이라는 말을 받아들일 수 있을지도 모른다. 이러한 접근은 『기타』를 영점에 놓는 것이라고 할 수 있다.(완전한 영점이란 것이 없는 줄 안다. 그래서 단지 잘못 구축된 여러 이미지를 이제는 과감히 버리자는 정도의 의도라고 해도 좋다.)

그렇다면 『기타』를 영점에 놓는다는 것의 구체적인 의미는 무엇일까? 우선 다음은 인도에 대해 새롭게 접근하고자 하는 사람들이 대체로 내놓는 의견이라고 할 만하다.

"인도를 오래전부터 연구한 서구에서 인도는 더 이상 '미개인과 성자가 사는 나라'가 아니지요. 인도에 대한 환상을 깬 지도 오래되었어요. 물론 자기들 스스로 고대로부터 인도에다 온갖 신비를 덧칠해대다가 이제야 객관적인 척하며 무언가 쓸모 있는 것을 찾아내려고 애쓰는 거지요. 아무튼 그들은 이제 탈신비화된 이후의 인도를 어떻게 바라봐야 하는가에 대해 몰두하고 있는 셈이지요. 한국에서도 점점 탈신비화 작업에 박차를 가하고 있는 실정이에요. 탈신비화란 인도를 영점에 놓는 것 아니겠어요. 그동안 인도에 대해 온갖 왜곡과 억측과 망상이 난무했는데 이제는 미개인도 아니고 성자도 아닌 보통 사람이 사는 인도를 '있는 그대로' 보자는 움직임이 만들어진 거지요."

『기타』의 경우도 마찬가지이다. 무언가를 '환상에 의해서'가 아니라 철저히 '있는 그대로' 본다는 것은 불가능하겠지만, 그래도 최선을 다해 그렇게 보려는 시도가 『기타』를 영점에 놓는 것이다. 『기타』를 탈신비화하기. 비록 늦었지만 풍문으로 들은 방식이 아니라 자신이 직접 탐구하는 방식으로 『기타』를 보는 것이 곧 『기타』를 탈신비화하는 지름길이다.

아마도 어떻게 신비화하고 그것이 유지되는지를 본다면 탈신비화가 어떻게 가능한지 생각이 마구 떠오를지도 모르겠다. 다음은 『기타』를 신비화하는 나쁜 사례들이다.

첫째, 『기타』를 깨달은 사람의 전유물로 간주한다.

"저는 건강을 위해 요가를 하는 사람인데요. 해탈이니 깨달음이니 그런 거에는 전혀 관심이 없어요. 『기타』에 대해서는 좀 얻어들었는데, 높은 정신적 경지를 보여준다고 하기에 관심을 확 껐어요. 뭐 깨달음을 얻고자 하는 사람들이나 읽겠죠. 어쨌든 인도의 경전은 죄다 깨달음 이야기만 하니까 저 같은 사람과는 아무런 인연도 없을 거예요."

둘째, 『기타』의 모든 가르침을 영적인 것으로 만든다.

"유교는 인仁, 기독교는 사랑, 불교는 자비, 힌두교는 깨달음. 이런 단순한 공식을 저는 경멸합니다. 세상에 저렇게 단순화되는 게 어디 있습니까? 예를 들어 힌두교는 정신성精神性이나 영성靈性을 강조하지만 물질적이고 육체적인 삶도 아주 강하게 긍정합니다. 그러니 힌두교가 무조건 영적인 깨달음과 관련된다는 것은 어리석은 생각입니다. 『기타』라는 인도 경전은 일상생활에서 욕심 없이 사는 방법을 가르치는 아주 소박한 책입니다. 일상적인 삶의 가르침을 모조리 영적인 가르침으로 해석하는 건 엄청난 착각에 지나지 않습니다."

셋째, 『기타』의 문제를 독자의 문제로 돌린다.

"어느 자리에선가 『기타』의 지혜가 화제였죠. 아마 '결과를 생각하지 말고 자기 임무에만 충실하라'는 교훈이었던 것 같아요. 제가 그랬죠. 사회가 어떻게 돌아가든 관심 갖지 말고 자기 위치에서 자기 역할만 잘하면 된다는 뜻이잖아요. 그래서 보수적인 기득권의 속임수를 지혜로 가장한 책이라고 주장했죠. 난리가 났어요. 동양의 고전을 서양의 방식대로 읽고 분석했다는 거죠. 동양의 고전을 읽은 후에 삶이 변해야 하는데 머리로만 읽었기 때문에 그런 가벼운 평가가 나온 거라고 하더군요. 제가 손을 들고 말았죠. 제 문제라고 하는데 더 이상 무슨 말을 하겠어요."

넷째, 『기타』에 대한 파격적인 해석을 깔본다.

"음, 『기타』에 대해서는 전부 고만고만한 이야기만 해요. 내면의 전쟁에서 빛의 승리, 지혜와 행위의 조화, 집착하지 않는 행위, 행위의 결과를 포기하기 등등. 저는 인간이 결코 자기의 운명을 넘어설 수 없다는 가르침이 핵심이라고 봐요. 운명 앞에서 인간의 모든 것이 좌절되고 마는 이야기라는 거예요. 음, 이렇게 해석하면 욕을 얻어먹을 텐데. 아마 제 그릇이 작아서 이 정도밖에 못 봤다는 말도 들을걸요?"

조금 과장된 것이 있긴 하지만 이런 사례들은 『기타』를 둘러싸고 있는 신비의 장막을 확실히 드러낸다. 알고 보니 그 신비의 장막은 음식 먹는 걸로 치면 대단한 편식이다. 다른 방식으로 『기타』에 접근하는 것을 용서치 않으므로 지독한 편식인 것이다.

물론 역사적 배경을 짚어가면서 『기타』에 접근하는 것도 왕도는 아니다. 그래도 이 접근이 중요한 이유는 균형감각 때문이다. 『기타』를 신비화하는 쪽으로 지나치게 평행저울이 기울어 있어서 그 반대쪽에 무게를 더해주기 위해서다.

그리고 하나 더. 인도에도 시간이 흐른다는 사실을 잊지 말라는 의도 때문이다. 『기타』가 역사의 시간을 타고 내려오면서 시대마다 의미의 변화를 겪었음은 불을 보듯 뻔하다. 불교와 경쟁하던 시절에 『기타』가 주던 의미, 무굴제국의 철권통치 아래 『기타』가 주던 의미, 인도공화국이 성립된 직후에 『기타』가 주던 의미는 모두 다를 것이다. 불변하는 진리가 있다손 치더라도 그것을 받아들이는 측에 의해 의미는 달라질 수밖에 없다.

그렇다면 오늘날 『기타』가 인도에서 또는 인도 바깥에서 어떤 의미를 주는지 궁금하지 않은가. 그 의미는 누군가가 『기타』에 '부여한' 것이 아니라 스스로 '찾은' 것이어야 할 테다. 『기타』를 영점에 둔 채로 오늘의 시간을 『기타』에 반사하여 그 의미가 되비치도록 해야 할 것이다. 이 방식이야말로 『기타』에 대한 아주 특별한 예의이자 애정이다.

이러한 배경 아래 이 책에서는 『기타』를 전복적으로 읽고자 시도했다. 『기타』의 출중한 가르침은 그 가르침대로 이어받고 『기타』의 태생적인 한계는 그 한계대로 드러내어 기존의 시선을 뒤엎는 새로운 관점을 제시하고자 했다. 그리하여 이 과정 자체가 전복적인 읽기를 위한 연습이 되고 모범사례가 되기를 희망하였다.

따라서 이 책의 중요한 목적은 『기타』에 대해 새로운 읽기가 지속적으로 가능하다는 점을 보여주려는 데 있다. 물론 『기타』에 대한 신화를 허물고 현실을 반영하는 방식을 통해서다.

일곱 개의 장으로 이루어진 이 책에서는 『기타』에서 중요하다고 생각되는 일곱 가지의 주제를 다루었다. 이것들은 『기타』를 연구하는 사람들이나 『기타』를 애독하는 사람들이 널리 다루는 주제들이다. 전복적인 읽기라는 것은 아무래도 널리 알려진 주제를 그 대상으로 할 수밖에 없지 않겠는가.

다음은 일곱 개의 장에서 각각 던지는 꽤 도발적인 질문들이다. 이는 곧 『기타』를 새롭게 읽기 위한 문제의식이기도 하다.

제1장 『기타』의 무대를 선악의 대립으로 보는 것은 올바른 이해인가?

제2장 『기타』에서 아르주나의 고통을 자기 마음의 문제로 보는 것은 정당한가?

제3장 『기타』에서 크리슈나가 전쟁과 폭력을 옹호한다고 생각할

수는 없는가?

**제4장** 『기타』는 진정 세 가지 요가가 모두 동등하게 중요하다고 가르치는가?

**제5장** 『기타』는 행위의 그 어떤 결과도 전혀 관심을 갖지 말라고 하는가?

**제6장** 『기타』에서 자신을 제어하라고 말하는 데는 숨겨진 의도는 없는가?

**제7장** 『기타』는 사랑을 통해 신의 구원을 얻을 수 있다고 확실히 말하는가?

이러한 문제의식을 중심으로 전개되는 일곱 개의 장은 예외 없이 세 개의 절로 구성된다. 그리고 세 개의 절은 각각 다음과 같은 내용으로 채워진다.

**첫 번째 절** 『기타』에 관해 일반적으로 알려져 있는 기존의 평판, 이해, 평가, 해석 등을 정리했다.

**두 번째 절** 일반적으로 알려진 『기타』에 대한 비판이나 새로운 해석 등을 담았다.

**세 번째 절** 『기타』에 대한 새로운 문제나 전망을 제기하고 열린 해석의 가능성을 짚어봤다.

이와 같은 방식으로 『기타』를 읽는 것은 어떤 의의가 있을까? 우선 『기타』가 그 시절의 현실과 어떻게 상호작용을 하는지 살펴봄으로써 『기타』를 읽는 현재의 좌표를 보다 선명하게 확인하는 감각을 키울 수 있다. 또한 『기타』가 당대 현실의 구체적인 문제에 어떤 해답을 주고 있는지 간접적으로 엿봄으로써 『기타』를 읽는 현대인들이 스스로 해답을 확장하는 기회를 얻을 수 있다.

바로 이것이 『기타』를 영점으로 놓는다는 것의 숨은 의미이기도 하다. 즉 『기타』를 탈신비화한 채 현실로 이끌고 오는 것을 넘어서 『기타』를 읽으면서 직시하는 현실을 통해 나와 우리의 현실을 더 잘 이해할 수 있는 것이다.

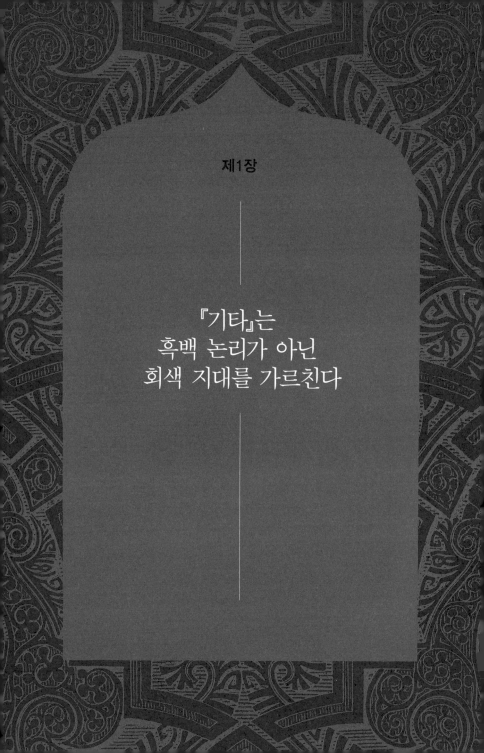

제1장

『기타』는
흑백 논리가 아닌
회색 지대를 가르친다

아르주나가 말한다.

"그리고 우리가 이기든 저들이 우리를 이기든

어느 쪽이 우리에게 보다 좋은지

우리는 그 점을 알지 못합니다. (…)

연민이라는 해악으로 말미암아 제 본성이 뒤흔들리고

정의(의무)에 대해 제 생각이 혼란스러우니

당신께 여쭙니다.

어느 것이 더 나은지

당신께서 저에게 확실하게 말씀해주십시오."

(2.6~2.7)

## 선과 악

『기타』는 이렇게 시작된다.

"다르마dharma(정의)의 벌판인 쿠루 벌판에 싸우기 위해 모인 나의 아들들과 판두의 아들들이 어떻게 하였는가? 산자야여!"(1.1)

이것이 『기타』를 구성하는 전체 700개의 2행시 중에 맨 첫 번째 2행시다. 이 2행시는 신하인 산자야Sañjaya가 장님인 왕 드리타라슈트라Dhṛtarāṣṭra에게 아르주나와 크리슈나 간의 대화와 행동을 전달하는 형식 속에서 드리타라슈트라가 산자야에게 전쟁이 어떻게 진행되고 있는지 묻는 내용을 담고 있다.

이 2행시에는 몇 개의 아주 중요한 정보가 들어 있다. 첫째, 전쟁이 인도의 '어느 벌판'에서 벌어지고 있다는 점. 둘째, 이 전쟁은 형제인 '나'(드리타라슈트라)와 '판두'의 아들들이 벌이는 사촌 간의 전쟁이라는 점. 셋째, 이 전쟁은 어느 측이 더 정의로운지 판가름하는 '정의의 전쟁'이라는 점이다.(벌판의 실제 이름은 '쿠루 벌판'인데 '정의의 벌판'이라고 부르고 있지 않은가.)

첫째 정보와 달리 둘째와 셋째 정보는 추가 설명이 필요하다. 그리고 이 두 가지 정보는 『기타』 전체의 성격을 가늠하는 데 매우 중요하다. 우선 사촌 간의 전쟁을 배경으로 하는 『기타』의 줄거리를 간단하게나마 알아야 한다. 『기타』의 화자인 산자야를 불러내 그 줄거리를 들어보도록 하자.

산자야 사촌 간의 왕권 다툼이 극단으로 치닫자 피해자에 속하는 판다바Pandava 다섯 형제와 가해자에 속하는 카우라바Kaurava 백百 형제가 쿠루 벌판의 전장에서 대치를 벌입니다. 전쟁은 18일 동안 지속되었는데 『기타』는 그 전쟁의 첫날, 전투가 시작되기 바로 직전 상황을 배경으로 하고 있습니다. 주인공은 판다바 다섯 형제 가운데 셋째이자 당대 최고의 장수인 아르주나 왕자입니다. 또 다른 주인공은 크리슈나 신입니다. 그는 인도에서 가장 위대한 신인 비슈누의 여덟 번째 화신으로 이 땅에 인간으로 태어났습니다. 두 사람은 처남과 매제 사이이자 친구 사이인데 이 전쟁에서는 크리슈나가 아르주나의 마부로 활약할 예정입니다.

주인공은 아르주나 왕자와 크리슈나 신이다. 두 사람은 같은 마차를 타고 전쟁에 나선 운명공동체다. (편의상 이 두 주인공이 속한 판다바 다섯 형제의 편을 '아군'이라 부르고 그 적인 카우라바 백 형제의 편을 '적군'이라 부르기로 한다. 별다른 이유는 없고 보통 주인공에게 감정이입이 되므로 주인공의 편을 아군이라고 부르는 것이 편하기 때문이다.)

남은 줄거리는 그다지 많지 않다. 왜냐하면 『기타』는 주로 신인 크리슈나가 인간인 아르주나에게 가르침을 전하는 내용으로 이루어져 있기 때문이다. 다르게 말해 『기타』는 크리슈나의 설교가 내용의 대부분을 차지한다. 남은 줄거리도 산자야의 입을 통해 들어 보자.

산자야 그런데 전쟁 분위기가 고조되는 즈음에 아르주나는 적군으로 대면한 친족들과 친구들 그리고 스승들을 시찰하게 됩니다. 그러고는 그들을 죽여야만 하는 전쟁에 참여해야 하는지 말아야 하는지 심각하게 고민한 끝에 싸우지 않기로 결심합니다. 이에 크리슈나는 아르주나가 전쟁에 참여하도록 설득하기 위해 세계와 인생에 대해 여러 가르침을 전합니다. 게다가 그는 자신이 최고신이라는 것을 여러모로 보여주면서 이 전쟁은 필연적으로 일어날 수밖에 없고 이 전쟁에서 아르주나 측이 이기도록 예정되어 있다

며 아르주나에게 확신을 줍니다. 결국 크리슈나의 설득이 성공함
으로써 아르주나는 전쟁에 참여하기로 최종 결심을 합니다.

이제 18일 전쟁이 사촌끼리의 왕권 다툼인 것은 알겠다. 그런데
18일 전쟁을 정의의 벌판에서 벌어지는 정의의 전쟁이라고 부르는
까닭은 무엇일까? 이 문제는 복잡하다.(왜 복잡한지는 나중에 설명할
것이다.) 하지만 한 가지는 분명하다. 주인공이 속한 아군은 정의로
운 편에 적군은 정의롭지 않은 편에 속한다는 것이다. 그래서 18
일 전쟁을 통해 정의의 아군이 불의의 적군에게 승리할 것이므로
정의가 승리한다는 의미에서 정의의 전쟁이다.

모든 이야기가 다 그러하듯이 피해자인 아군은 오랫동안 적군에
게 괴롭힘을 당했다. 드디어 이 전쟁은 그 고통을 한꺼번에 만회할
기회이다. 언제 정의가 제대로 구현되는지 학수고대하던 차에『기
타』의 첫 2행시는 정의의 벌판에서 정의의 전쟁이 벌어진다고 선언
한다. 늦었지만 정의의 승리는 얼마나 통쾌한 즐거움을 줄 것인가.

그런데 누군가가 이런 질문을 던질 수 있다.

"사촌끼리 벌이는 정의의 전쟁이라는 것은 알겠어요. 하지만 곰
곰이 생각해보면 어떻게 전쟁터에서 두 주인공이 그토록 오래 이
야기를 나눌 수 있겠어요? 막 전쟁을 시작하려는 찰나에 두 주
인공이 양 군대의 중간에 등장하죠. 그러고선 두 사람이 긴 대화

를 시작해요. 이건 아무래도 상식적으로 맞지 않아요. 무슨 다른 의도가 있지 않을까요? 두 사람의 대화는 그냥 아르주나의 마음 속에서 일어난 일이라는 생각이 들어요. 아르주나가 싸울 것인지 싸우지 않을 것인지 갈등하는 마음을 그렇게 길게 신과 인간의 대화로 묘사하지 않았을까요?"

이 질문은 어떻게 전쟁터의 한가운데에서 신과 인간이 길고 긴 대화를 나눌 수 있을까라는 의구심에서 비롯된 듯하다. 상식적으로 나눌 수 없다! 그러니 사람의 마음속에서 일어난 대화라고 봐야 한다.

이렇게 되면 『기타』는 비유를 통해 참 진리를 보여주는 경전이 된다. 제대로 들여다보지 않으면 알 수 없는 절묘한 비유가 숨겨져 있었기 때문에 『기타』는 그토록 오랫동안 사랑받을 수 있었다.

이 비유를 정리하면 전쟁터인 그 벌판이란 곧 영혼을 가진 사람의 몸과 같다.(첫 번째 2행시에서 '끄셰뜨라'라는 말은 '벌판'을 뜻하기도 하고 '몸'을 뜻하기도 한다.) 전쟁터인 벌판에서 아르주나가 갈등하고 크리슈나에게 진리를 듣는 모습은 그의 몸속에서 선이 악을 이기고자 하는 마음의 투쟁이다. 또는 정의가 불의를 이기고자 하는 마음의 투쟁이다. 따라서 『기타』는 인간의 내면에서 벌어지는 선과 악의 투쟁 또는 정의와 불의 사이의 투쟁을 그려내고 있다.

이런 시각은, 20세기의 가장 위대한 인물로 선정된 바 있는 마하트마 간디의 해석에서 찾아볼 수 있다. 기본적으로 그는 『마하바라타』의 전쟁 자체를 육신의 싸움이 아닌 정신의 싸움으로 보며, 정신의 싸움 중에서도 선한 마음과 악한 마음 사이의 싸움으로 본다.

하지만 간디의 해석에 대해 이견이 충분히 있을 수 있다. 간디와는 성향이 크게 다른 타고르Tagore(1861~1941)가 간디의 해석을 들었을 때 어쩌면 강력한 이의를 제기했을지도 모른다. 20세기 초반 인도의 두 위대한 영혼이었던 간디와 타고르의 대화를 상상해 보자.

간디 『기타』는 사촌들 사이에 벌어지는 실제 전쟁이 아니라 우리 마음 안에 있는 선과 악이라는 두 본성 간에 벌어지는 전쟁을 다루고 있을 뿐이지요. 행간을 읽지 못하는 사람들이 사촌들 사이의 전쟁이라는 표면적인 것만 보고 말아요.

타고르 저는 그렇게 생각하지 않아요. 오히려 사촌들 사이에 벌어진 실제 전쟁이라는 걸 반드시 인정해야 된다고 보는데……. 『마하바라타』의 모든 이야기가 바로 전쟁으로 수렴되잖아요. 그러니 전쟁마저 비유라고 한다면 『마하바라타』의 그 모든 이야기가 무의미해지고 말겠지요.

간디 제 말의 의도는 그게 아니에요. 단지 육체끼리 죽이고 죽는 전쟁만을 봐서는 안 되고 마음의 전쟁까지 봐야 한다는 거지요.

타고르 네, 그 점에는 동의해요. 그런데 분명 강조점의 차이가 있어 보이네요. 저는 마음에서 벌어진 전쟁이 아니라 실제로 벌어진 전쟁이라는 점을 더 강조해야 한다고 생각할 뿐이에요.

간디 제가 강조하는 것이야 당연히 마음의 전쟁이지요. 『기타』의 주요 내용이 뭡니까? 크리슈나 신이 아르주나에게 싸워야 한다고 가르치는 거지요. 그게 핵심 줄거리입니다. 그러니 만약 실제로 일어나는 전쟁으로 해석한다면 크리슈나 신은 전쟁에서 폭력적으로 싸워야 한다고 가르치는 셈이 되지요. 신이 폭력을 가르친다는 건 말이 안 되죠. 하지만 마음의 전쟁으로 해석한다면 크리슈나 신은 마음의 전쟁에서 악에 맞서 싸워야 한다고 가르치는 셈이 되지요. 그리고 이처럼 악에 대항하는 내면의 전쟁은 폭력이 아닌 비폭력에 대한 가르침이라고 할 수 있지요.

『마하바라타』 혹은 『기타』의 전쟁을 마음의 전쟁으로 해석하는 것에는 일리가 있다. 특히 마하트마 간디는 마음의 전쟁으로 해석함으로써 아힘사ahiṃsā(비폭력주의)라는 자신의 중심 사상을 뒷받침할 수 있었다.

그런데 여기서 더 나아갈 수 있다. 이제 아르주나와 크리슈나의 대화는 명상에 비유되기도 한다. 전쟁터는 마음이 싸우는 장소이다. 그렇다면 전쟁터에서 고뇌하는 아르주나는? 아르주나의 고뇌를 해결해주기 위해 애쓰는 크리슈나는? 마지막에 그 고뇌가 완전히 해소되는 아르주나는?

실제 전쟁터가 한 사람의 마음속이라면 전쟁터에서 아르주나가 번민에 사로잡히는 장면은 그 마음이 겪는 어두운 밤이다. 아르주나의 번민을 덜어주기 위해 크리슈나가 설교하는 장면은 그 마음이 어두운 밤에서부터 아침의 찬란한 빛을 향해 나아가는 과정이다. 마지막으로 아르주나의 번민이 완전히 사라지는 장면은 그 마음이 맞이하는 밝은 아침이다. 어둠에서 빛으로! 이는 고통에서 환희로 가는 과정이자 아르주나의 무지를 크리슈나가 지혜의 빛으로 밝혀주는 과정이다.

결론은?『기타』에서 두 사람의 대화는 최고의 영적인 스승이 인도하는 가운데 삶의 길을 잃은 듯한 어두운 영혼의 제자가 내면의 명상을 통해 기쁨의 빛이 충만한 경지를 체험하는 과정이다.㉚

결국 모든 문제는 자기 자신의 마음에서 발생하고 또 마음에서 해결책을 찾아야 한다는 것, 바로 이것이『기타』의 숨은 가르침이다. 이에 누군가는 참으로 깊이가 있는 설명이라고 말할 것이고 다른 누군가는 참으로 인도다운 설명이라고 말할 것이다. 하지만 별로 흥미롭지 않은 설명이라고 말하는 사람도 있을 것이다.

"저는 그런 설명에 만족할 수 없어요. 꼭 마음의 전쟁이니 명상의

---

㉚ 아르주나는 처음에 무수한 망상에 사로잡히는데 이는 명상 수행 초기에 망상 때문에 집중하지 못하는 단계에 비유될 수 있다. 아르주나가 점점 신의 참모습을 보고 마지막에 지혜를 얻는 것도 명상 수행의 고차원적인 체험에 비유될 수 있다.

과정이니 하면서 실제로 벌어지는 저 끔찍한 전쟁을 외면해야만 하나요. 그리고 또 있죠. 악에 대응하여 선이 승리하고 어둠에 대응하여 빛이 승리하는 건 흑백 논리의 할리우드 영화만으로도 충분하지 않나요. 『기타』에서마저 똑같은 공식을 찾아야 할 필요가 있을까요?"

## 18일 전쟁의 교훈

흑백 논리를 거부한다면 그 대척점에 회색 논리가 있다. 과연 이 둘 가운데 어느 편의 손을 들어주어야 할까? 일단 흑백 논리를 옹호하는 사람과 회색 논리를 옹호하는 사람이 다음과 같은 대화를 나눌 수 있을 것이다.

"흑백 논리가 왜 좋지 않나요? 사람들은 불분명한 것보다는 분명한 것을 좋아하잖아요. 흑이면 흑이고 백이면 백이어야지 모호한 회색은 왠지 기회주의적이거나 혹은 구경꾼 같지 않나요?"
"흑백 논리의 폭력성을 간과한 것 같군요. '예수 천국, 불신 지옥' '애국자 아니면 빨갱이' 등과 같이 흑백 논리가 판치는 세상에선 대화나 관용의 정신을 찾아볼 수가 없잖아요. 그래서 전쟁과 광기의 시대에는 꼭 흑백 논리가 그 시대를 지배했잖아요."

"하지만 설득하는 것이 논리의 목적인 이상 회색 논리로 상대를 설득할 수는 없지 않나요? 예를 들어 사랑하는지 사랑하지 않는지 알 수 없는 모호한 태도를 가진 남자가 있다고 해봐요. 도대체 어느 여자가 그 남자의 사랑에 설득되어서 그 사랑을 믿고 곁에 남아 있겠어요."

"그 경우에는 남자의 마음이 회색이라는 것 자체가 사실인 셈이죠. 모호하게 회색인 그 마음을 두고 자꾸 흑인지 백인지 밝히라고 강제하는 게 더 큰 문제 아닐까요? 그리고 세상에는 확실한 것보다 모호한 것이 더 많을걸요. 흑백 논리에서는 '우리 편 아니면 모조리 적'이라고 말하죠. 확실한 태도이기는 하지만 현실에서는 모호한 태도가 더 많잖아요. 우리 편에 조금 더 가깝거나 적의 편에 조금 더 가까운 사람도 있고 양편 모두에 중립적이거나 아예 무관심한 사람도 있으니까요. 그러니 인간의 현실은 대부분 회색 논리가 지배한다고 말해야 하지 않을까요?"

흑백 논리는 장점을 가지고 있음에도 종종 그 폭력성 때문에 배척되고 만다. 그러면 회색 논리는? 비록 현실이 회색 논리의 지배를 받는다고 할지라도 사람들은 아주 강하게 회색에 대한 부정적인 생각을 갖고 있다.(예를 들어 흔히 사람들 사이에서 회색분자라는 표현은 기회주의자이거나 냉소적이며 무관심한 사람을 일컫지 않는가.)

하지만 회색에도 품격이 있다. 본바탕이 검은색이거나 흰색이면서도 회색인 척하며 기회를 틈타 어디든지 붙는 것은 천한 품격이다. 위선과 가식의 회색인 셈이다. 혹은 아예 태생이 회색이거나 성향이 회색일 수 있고 어리석음이나 게으름 때문에 회색일 수 있다. 수동적이고 순종적이지만 불만스럽고 야단스러운 회색들이다. 마치 아무런 의견도 없다가 짜장면이 나와도 시끄럽고 짬뽕이 나와도 시끄러운 경우와 같다.

높은 품격의 회색은 과연 무엇일까? 그것은 극단적이고 극성스런 흑백 논리를 물리치는 회색이다. 세상의 모든 일을 선과 악으로 확실히 나눌 수 없다고 주장하는 것이 이 회색의 임무이다. 회색은 흑백을 나누는 기준을 모호하게 만들어버린다.

조폭 영화에서, 피해자와 가해자의 관계인 조폭 주인공과 조폭 악당 중 누가 더 선하거나 악한지 쉽게 말할 수 없다. 마찬가지로 할리우드 영화에서 주인공인 미국 스파이가 적으로 등장하는 러시아 스파이보다 더 선하다고 결코 단정할 수 없다. 삶에서 선과 악, 진실과 거짓, 아름다움과 추함 등은 뚜렷이 나눠지지 않는다. 이것들은 서로 뒤섞여 있어서 하나에서 다른 하나를 분리하기란 불가능에 가깝다. 그러니 삶의 무대는 회색 지대라고 불릴 만하다.

『기타』에서도 선과 악의 구분은 모호할 수 있다. 아르주나 왕자가 속한 아군이 선의 편이고 적군이 악의 편이라고 확신할 수 없다. 그러하다면 삶의 무대인 그 전쟁터는 회색 지대일 뿐이다. 나아가 아르주나가 회색 지대에 서 있다면 그가 어둠을 물리치고 빛으로 충만한 마음의 승리를 얻는다고 말하는 것은 영 어색하다. 그저 어둠과 빛이 뒤섞인 어스름한 곳에 서 있다가 겨우 작은 불빛 하나를 보게 된다고 말하는 것이 더 맞을지도 모른다.

『기타』의 전쟁터가 회색 지대라는 것. 이것을 어떻게 증명해야 할까? 대부분의 사람들은 아군과 적군 가운데 아군이 도덕적으로 훨씬 더 우위에 있다고 이해한다. 실상은 그렇지 않다. 아군이나 적군이나 도덕적으로 오십보백보이기 때문에 선악의 흑백으로 나뉘질 수 없는 희뿌연 회색이 전쟁터를 가득 메우고 있다.

시간상으로 볼 때 『기타』에 앞서 아군과 적군 사이에 도대체 무슨 일이 있었는지 왜 아군과 적군이 오십보백보인지 『마하바라타』를 통해 알 수 있다. 물론 『기타』의 전쟁터가 모호한 회색지대라고 해서 『마하바라타』의 이야기마저 모호한 회색인 것은 아니다. 『마하바라타』는 모호한 세상사를 아주 선명하게 들려준다.

다시 한 번 산자야를 불러내 『마하바라타』의 줄거리도 청해 들어 보도록 하자.

산자야 옛날 인도 북부의 '쿠루'라는 지역에 '하스티나푸라 Hastināpura'라는 왕국이 있었습니다. 이 왕국에 형인 '드리타라 슈트라'와 동생인 '판두'(아르주나의 아버지)라는 두 왕자가 살았는데 형이 장님이었기 때문에 동생이 왕위에 올라 나라를 다스리고 있었습니다. 형에게는 백 명의 아들이 있었는데 그들을 '카우

라바'라고 불렀고 동생에게는 다섯 명의 아들이 있었는데 그들을
'판다바'라고 불렀습니다.(우리 식으로 하면 카우라바가 적군이고 판
다바가 아군입니다.) 판두 왕이 일찍 죽자 임시로 왕위에 오른 장님
형은 동생의 다섯 아들을 잘 길렀고 그 가운데 장남을 왕위 계승
자로 삼았습니다.

그런데 카우라바 백 형제가 판다바 다섯 형제를 끊임없이 박해하
자 장님 왕은 하는 수 없이 왕국의 일부만을 판다바에게 넘겼고
그들은 '인드라프라스타Indraprastha'라는 번성한 나라를 만들었
습니다. 하지만 도박을 좋아하는 장남(아르주나의 큰형)인 왕이 카
우라바와 벌인 엄청난 도박에서 패하고 말았습니다. 판다바는 왕
국을 포함하여 모든 것을 잃어버렸고 13년 동안 유배생활을 해야
만 했습니다. 판다바는 유배를 끝내고 나서 왕국의 반환을 요구
했으나 카우라바는 거절했습니다.

그로 인해 양측은 각각의 동맹군과 함께 쿠루 벌판에서 18일간
의 전쟁을 벌였습니다. 백 명의 카우라바가 모두 죽었기 때문에
판다바는 승리와 함께 왕권을 되찾게 됩니다. 그러나 그들에게 남
은 것이라곤 비통함과 속죄로 가득한 비극적 여생뿐이었습니다.


이렇게 『마하바라타』는 10만여 편의 시가 얽히고설키면서 무수
한 이야기를 만들어내지만 이야기의 종착역은 그저 삶의 덧없음
이다.

이제 이 서사시에서 적군인 카우라바가 저지른 악행들을 들춰보자. 특히 카우라바 백 형제의 장남인 두르요다나Duryodhana의 악행을 정리하면 다음과 같다.

첫째, 두르요다나는 어린 시절 판다바 다섯 형제 가운데 둘째인 비마Bhīma를 독살하려고 시도했고(두르요다나와 비마의 라이벌 관계는 유명하다), 다섯 형제와 그의 어머니가 잠자고 있는 집을 불태워 모두를 죽이려고 했다.

둘째, 왕국을 분할하여 통치하던 시절에 판다바의 장남인 왕이 도박을 좋아하는 것에 착안하여 주사위 도박의 속임수로써 왕국을 빼앗고 유배생활을 하게 했다.

셋째, 판다바의 왕비를 건 주사위 도박에서 승리하자 곧바로 대중 앞에서 그녀의 옷을 벗겨서 큰 모욕을 줬다(다행히 마지막 순간에 크리슈나가 옷을 늘어뜨려 왕비를 위기에서 구했다).

넷째, 18일 전쟁에서 판다바의 어린 장수인 아르주나의 십대 아들을 상대하기 위해 비신사적인 방법으로 일곱 명의 장수를 보내어 그를 죽이는 데 성공했다.

이러한 행동들이 카우라바의 장남인 두르요다나의 주된 잘못이다. 바로 이 잘못 때문에 『마하바라타』나 『기타』를 읽는 사람들은 두르요다나로 대표되는 카우라바를 악의 편에 세운다.

하지만 두르요다나의 이러한 행동들을 다른 관점에서 냉철하게 살펴볼 수도 있다. 그가 어린 시절에 한 행동들은 당시 왕의 맏아들임에도 왕의 자리를 이어받을 권한을 얻지 못한 그의 좌절된 욕망을 생각한다면 충분히 이해할 수 있다. 또한 주사위 도박의 속임수를 쓴 것도 판다바를 무력화시키는 것을 평생의 숙원으로 간직한 그이기 때문에 어느 정도 이해할 수 있다. 더군다나 주사위 도박을 너무나 좋아하여 왕국과 왕비까지 빼앗긴 것은 판다바의 장남 탓이 더 크다. 또한 전쟁에서 적군의 어린 장수를 죽이기 위해 일곱 명의 장수를 보낸 비신사적인 행동은 전혀 문제가 되지 않는다. 왜냐하면 판다바 역시 승리하기 위해 비신사적인 전술과 비겁한 술수를 여러 차례 사용했기 때문이다.

여기서 가장 커 보이는 잘못은 판다바의 왕비를 모욕한 사건이다. 고대 인도의 관습이나 풍습에서 볼 때 수많은 사람 앞에서 왕비처럼 고귀한 여성의 옷을 벗기는 식의 큰 모욕은 도덕적으로 용납하기 어려운 일이다.

그러나 이 잘못으로 말미암아 도덕의 팽팽한 균형이 확 무너진다고 말하기도 좀 그렇다. 단지 모든 사건을 통틀어 전반적으로 판다바 측에 아주 조금 도덕적 우위가 있을 뿐 절대적으로 도덕적 우위가 있다고는 결코 말할 수 없기 때문이다.

이 대목을 꽤 색다른 관점으로 접근할 수도 있다. 선입견을 완전히 배제한다면 두르요다나의 권리와 평판에 대해 『마하바라타』의 어떤 독자는 다음과 같은 의견을 피력할지도 모른다.

"저는 카우라바의 두르요다나에게 왕국 전체를 다스릴 권리가 있다고 생각해요."

"네? 놀라운 생각인데 무엇 때문이죠?"

"좀 복잡하긴 해요. 동생이 먼저 왕이 되었으나 그가 죽은 뒤 비록 임시적이지만 장님 형이 왕이 되었고 동생과 장님 형 모두에게 아들이 있는 상황이니까요. 이럴 때 누구에게 왕위를 물려줄지 꽤 난감하겠지요. 당시의 관습에 따라 왕으로서 장님 형은 죽은 동생의 큰아들을 왕세자로 임명해요. 자신의 큰아들보다 동생의 큰아들이 몇 분 더 일찍 태어난 점도 고려했을지는 모르겠군요. 하지만 형의 큰아들인 두르요다나가 왕세자가 되는 데에 아무런 문제가 없을걸요. 장남의 혈통을 잇고 있으며 현재 왕의 아들이니까요. 게다가 호칭만으로 볼 때도, 두르요다나의 '카우라바'는 직계直系이고 '판다바'는 방계傍系ⓢ잖아요. 결정적으로 중요한 사실도 있어요. 두르요다나를 포함하여 장님 형의 아들 백 명은 장님 형과 그 부인 사이에서 태어난 친아들이에요. 그런데 동생의 다섯 아들은 동생이 왕으로 재임하던 시절에 성불구가 된 이후 자신의 부인들과 여러 신 사이에서 태어났을 뿐이잖아요. 왕족의

---

ⓢ '카우라바'라는 명칭은 '쿠루의 후손들'이라는 뜻이다. 종족 전체의 명칭이 '쿠루'이기 때문에, 카우라바가 왕국 전체의 진정한 후손들이자 직계이다. 반면에 '판다바'라는 명칭은 '판두 왕의 후손들'이라는 뜻이다. 판다바는 바로 윗대인 아버지의 이름에서 파생된 명칭이기에 방계라고 볼 수 있다.

피를 이어받은 카우라바와 신들의 피를 이어받은 판다바는 피가 전혀 섞이지 않은 사촌인 셈이지요. 이런 점에서 카우라바의 두르요다나를 악인이라고 생각하지만 않는다면 그가 왕위를 물려받는 게 바람직하다고 생각할 가능성이 크지 않을까요?"

"두르요다나가 왕권을 부여받을 권리를 가진다는 것과 그가 도덕적으로 올바르지 못하다는 것은 전혀 별개의 문제라는 말이군요."

"네, 정확해요. 예를 들어 왕세자가 심한 망나니라 할지라도 그에게 왕권을 부여받을 권리 자체가 없는 건 아닐 테니까요. 그래요. 아무튼 장님 형이 왕권에 대한 분란을 예감하고 왕국을 둘로 나눈 것은 현명한 결정이라고 봐요. 여기서 만약 장님 형의 큰아들인 두르요다나가 반쪽 왕국에만 만족했다면 전쟁은 없었겠지요. 문제는 과욕이에요. 속임수 도박으로 사촌의 왕국을 빼앗아 왕국 전체를 얻었을 때 한 번 얻은 것을 다시 돌려줄 마음이 어디 들겠어요? 13년 동안 왕국 전체를 그렇게 잘 다스렸는데 13년 만에 돌려준다는 그 약속을 어떻게 지킬 수가 있겠어요? 사촌들이 유배를 끝냈을 때 본래의 자기 왕국은 의심의 여지 없이 두르요다나 자신의 권리이고 사촌에게 강탈한 왕국은 좀 모호하지요. 이런 의미에서 저는 두르요다나가 왕국 전체에 대한 권리를 충분히 주장할 수 있다고 말한 거예요."

"어느 정도는 동의할 수 있겠군요. 그런데 두르요다나가 정말 왕국 전체를 13년 동안 잘 통치했던가요?"

"그럼요. 판다바가 13년 유배생활을 하면서 스파이를 보내 두르
요다나의 평판을 살핀 적이 있어요. 놀랍게도 그는 신하들과 백성
들로부터 크게 숭앙崇仰받고 있었지요. 두르요다나는 사실 매우
강직한 성격을 가진 인물이에요. 그는 탁월한 정치를 통해 거의
이상적 군주에 가까운 모습을 보였다고 할 수 있어요."

그렇다면 도대체 왜 판다바는 선의 편이고 카우라바는 악의 편
일까? 오직 판다바가 선하다고 생각하는 것은 습관 때문일지도
모른다. 두르요다나가 저지른 몇 가지 악행을 통해 아주 재빠르게
카우라바가 악의 편이라고 결정한 뒤에 '판다바는 선, 카우라바는
악'이라며 그 믿음을 관성처럼 계속 유지하려는 것일 수 있다.

결국 겉으로 드러나는 단편적인 사실 몇 가지가 아니라 그 이면
에 복잡하게 얽힌 무수한 사연을 따라가다보면 그 결정과 믿음을
번복할 여지가 생긴다. 그러다 보면 선과 악을 섣불리 판단하는 것
이 매우 어렵고 두려운 일임을 알아챌지도 모른다.

이제 카우라바에게 무작정 적군이라는 꼬리표를 붙인 것을 철회
해야 할 때다. 카우라바를 지지할 마음이 전혀 없더라도 카우라바
를 무조건 부정적으로 보는 시선이 약화되었다면 아군과 적군의
구분도 희미해지는 셈이다. 그에 따라 선의 편과 악의 편으로 또
정의의 편과 불의의 편으로 나누는 것도 희미해진다.

이 세상에 자기 자신이 정의롭지 않다고 생각하는 사람은 거의 존재하지 않는다. 양 군대는 회색 지대에서 그저 자기 자신이 더 옳고 더 정의롭다고 믿으면서 정의의 전쟁을 시작하려 할 뿐이다.

## 회색 예찬

아직까지 『기타』와 회색 간의 관계가 선명하지 않을지도 모르겠다. 그렇기에 『마하바라타』가 아니라 『기타』에서 회색에 관한 이 이야기를 더 신빙성 있게 해주는 증거를 찾아보려고 한다. 두 가지 증거가 있다. 하나는 주인공 아르주나가 회색의 인간이라는 점이고 다른 하나는 아르주나와 크리슈나의 대화가 회색의 무대에서 이루어진다는 점이다.

먼저 주인공 아르주나가 회색의 인간이라는 점부터 보자. 과연 아르주나는 회색 인간일까? 아르주나가 누구인가?

그는 판다바의 다섯 형제 가운데 셋째로서 왕자의 신분이었고 전쟁의 승패를 좌지우지할 정도로 대단한 장수였다. 특히 활에 관하여 그 어떤 적수도 없는 신궁이었다. 그리고 전쟁이 발발하기 전까지 무사의 의무인 싸움을 철저하게 수행했으며 모든 왕자 가운데 가장 정의롭다고 알려졌다. 아르주나는 고귀한 신분인 데다 자신의 의무에 늘 충실하며 균형 잡힌 정의감을 가진, 한마디로 훌륭한 사람이었다. 『기타』는 이런 훌륭한 사람조차도 예외 없이 회색 지대에 서 있을 수밖에 없다는 점을 보여준다.

실제로 아르주나는 무엇이 선이고 악이며 무엇이 정의이고 불의 인지 알지 못한다고 고백하면서 선과 악, 정의와 불의를 가르는 참된 기준을 알지 못하니 크리슈나더러 그것을 가르쳐달라고 요청한다. 즉 기준이 없는 모호한 회색 지대에서 빠져나갈 방법을 가르쳐 달라고 요청한 것이다.

아르주나 "그리고 우리가 이기든 저들이 우리를 이기든 어느 쪽이 우리에게 더 좋은지 우리는 그 점을 알지 못합니다. 바로 저들을 죽이고서는 우리가 살고 싶지 않은데 저 드리타라슈트라(백부님)의 아들들이 반대편에 정렬해 있습니다. 연민이라는 해악으로 말미암아 제 본성이 뒤흔들리고 정의(의무)에 대한 제 생각이 혼란스러우니 당신께 여쭙니다. 어느 것이 더 나은지 당신께서 저에게 확실하게 말씀해주십시오. 저는 당신의 제자이니 의지하는 저를 당신께서 가르쳐주십시오. 왜냐하면 지상에서 대적할 자 없이 번성하는 왕국이나, 심지어 신들에 대한 지배권을 얻는다 해도 감관感官들을 마르게 하는 저의 슬픔을 제거할 수 있을지는 알지 못하기 때문입니다."(2.6~2.8)

이것이 곧 전쟁을 시작해야만 하는 장수의 고백이다. 그는 아군

혹은 적군이 이기는 경우 중 어느 것이 아군에게 더 좋은지 모르겠다고 말한다(황당한 말이 아닐 수 없다). 목숨이 왔다 갔다 하는 전쟁판에서는 당연히 자신의 편이 이기는 경우만 생각해야 한다. 그런데 모르겠다니!

여기에는 다 이유가 있다. 여태껏 자신이 굳건하게 올바르다고 믿던 것들이 뿌리째 흔들리기 시작했기 때문이다. 아르주나는 정의에 대한 자신의 생각이 혼란스럽다고 말하지 않던가. 그는 정의로운 것과 정의롭지 않은 것을 나름대로 확실히 구분하면서 잘 살아왔는데 전쟁을 앞두고 머릿속이 새까맣게 변하면서 뭐가 뭔지 하나도 모르는 상태가 된 것이다.

뭐가 좋은지 모르겠다는 것, 정의가 무엇인지 생각이 혼란스럽다는 것. 아르주나의 이 고백은 그가 철저하게 회색의 인간으로 서 있음을 암시한다. 여기서 회색의 인간은 회색이 흑과 백 사이의 색깔이므로 사이에 놓인 인간을 뜻한다. 사이에 놓인 인간은 흑과 백 사이에서 갈피를 못 잡은 채 끊임없이 어지러워하고 두리번거리다가 미끄러진다. 붙잡을 만한 '기준'을 잃어버렸기 때문이다.☞

아르주나처럼 누구나 어느 날 갑자기 그러할 수 있다. 오랫동안

---

☞ 놀랍게도 '정의의 전쟁'이란 '다르마의 전쟁'을 번역한 것이고 '다르마'라는 말의 가장 근원적인 뜻은 '기준'이다. 따라서 '다르마의 전쟁'을 '기준이 무엇인지 알려주고 드러내는 전쟁'으로 이해할 수 있을 것이다.

자신을 지탱하고 있던 굳은 신념이 한순간에 뒤흔들리면서 삶 전체가 위태해지는 듯한 그런 경험 말이다. 이건 좋고 저건 나쁘고, 이건 올바르고 저건 그릇되고……. 그렇게 나누던 기준이 무너진다면 현재만 공허한 것이 아니라 과거의 모든 삶마저 공허하다는 느낌을 가질 것이다. 이와 같은 정신적 위기 상황에서는 자신의 밑천이 모조리 드러난다. 그렇기 때문에 오히려 정직하게 자신을 대면하면서 진정성 있게 구원을 요청할 수 있는 법이다.

이에 『기타』에서 크리슈나의 가르침은 아르주나가 그 무너진 기준을 다시 세울 수 있게 하는 목적을 가질 뿐이다. 회색 지대에 놓인 아르주나가 진실한 가르침을 절실하게 필요로 하는 바로 그때에! 두 사람의 대화 속 모든 내용은 틀림없이 그 기준에 관한 물음이자 대답이다.

그다음 아르주나와 크리슈나의 대화가 회색의 무대에서 이루어진다는 점을 이야기해보자. 과연 무엇이 회색의 무대라는 것일까? 『기타』는 판다바와 카우라바 사이의 18일 전쟁이 쿠루 벌판에서 일어남을 알리는 것으로 시작된다. 그러고선 양측 군대의 위대한 장수들을 소개한다. 양측 모두 기세를 북돋우기 위해 소라나팔을 크게 분다고 묘사된다. 일촉즉발의 위기감이 감돈다. 바로 이때 『기타』의 두 주인공이 무대로 등장한다.

"그때 하누만Hanumān(원숭이) 깃발로 상징되는 아르주나는 정렬된 '드리타라슈트라의 아들들'을 보고선 싸울 준비가 시작되자 활을 들어올린 채 크리슈나에게 이렇게 말했습니다. 크리슈나여, 양 군대 사이에 저의 마차를 세워주십시오. 싸우기를 원하여 정렬된 저들을 제가 관찰하는 데까지, 시작되려는 전쟁에서 누가 저와 더불어 싸워야만 하는가를 제가 관찰하는 데까지. '드리타라슈트라의 어리석은 아들'(두르요다나)에게 기쁨을 주기 위하여 여기 전쟁터에 모인 채로 싸우려 하는 자들을 저는 보고 싶습니다."(1.20~1.23)

요컨대 아르주나가 자신의 마부인 크리슈나에게 마차를 양 군대 사이에 세워달라고 요청하면서 본격적으로 두 주인공이 등장한다. 아르주나가 그렇게 요청하는 까닭은 적군을 살펴보기 위해서다. 행위를 시작하기 전에 주변의 상황을 가늠하고 살펴보는 것이 일반적이듯이 그는 지극히 자연스럽게 행동하고 있는 셈이다.

이 장면을 상상해보라. 18일 전쟁은 세계 전쟁이라 불린다. 인도 전역에서 판다바와 카우라바의 동맹군들이 몰려와 모두 양편으로 나뉜 채 정렬해 있다. 그 양편 사이를 향해 아르주나와 크리슈나의 마차가 나아간다. 그 사이는 아무것도 없이 텅 비었다. 마차는 정확하게 그 사이의 한가운데에 멈춰 선다.

인도의 가정집에는 간혹 『기타』와 관련된 그림이 걸려 있다. 그리고 정말 흔치 않게 양 군대 사이에 위치한 아르주나와 크리슈나의 그림을 볼 수 있다. 크리슈나는 위풍당당하게 서 있는 모습이고 아르주나는 무릎을 꿇은 채 합장하는 모습이다(이 모습은 『기타』의 앞부분이 아니라 뒷부분에 해당된다. 크리슈나의 설교가 한창 이루어지는 모습을 묘사한 것이다).

어쨌든 중요한 것은 두 주인공이 양 군대 사이에 서 있다는 점이다. 그리고 두 사람이 양 군대 사이에 서서 처음부터 끝까지 이야기를 나눈다는 것은 『기타』의 무대가 회색이라는 점을 암시한다.

만약 아르주나가 그 사이로 들어가지 않았다면 그가 오래전부터 가지고 있던 굳건한 기준은 결코 무너지지 않았으리라.(양 군대 사이로 들어가지 않았다면 적군으로 진열해 있는 친족들을 가까이서 보지 못했을 것이다. 친족들을 가까이서 보지 못했다면 아마도 그는 동요되지 않았을 것이다.) 만약 그의 기준이 무너지지 않았다면 그가 크리슈나에게 가르침을 요청하지 않았을 테니 『기타』의 가르침도 없었으리라. 결국 아르주나가 회색의 무대에 들어갔기 때문에 그는 회색의 인간으로 등장할 수 있었다.

이 점은 매우 중요하다. 아르주나가 자기 진영에만 계속 머물러 있었다면 『기타』의 가르침은 애당초 필요하지도 않았기 때문이다. 그런데 아르주나는 극적으로 자기 진영을 벗어나 적의 진영 사이로 들어갔다. 이로 말미암아 그의 고뇌가 시작되었고 그에게 혼란이 찾아들었다.

혹 누군가가 이런 의문을 제기할 수 있다. 그에 따른 답변을 상상해본다면 다음의 대화 같을 것이다.

"그게 그렇게 중요한가요? 두 사람이 양 진영 사이에서 대화하는 건 그냥 우연처럼 보이는걸요."

"우연일지도 모르죠. 하지만 그들이 왜 하필 양 진영 사이에서 오랜 대화를 나눌까요? 뭔가 특별한 의미가 있다고 생각해야 하지 않을까요? 게다가 다른 사람들은 꼼짝도 않았는데 아르주나만은 유독 양편으로 나뉜 그 경계로 나아갔어요. 이게 무슨 의미일까요? 그 덕택에 그는 신의 가르침을 직접 듣고 신의 모습을 직접 보는 정말 대단한 경험을 하게 되었죠. 결국 아르주나가 양 진영 사이로 나아간 것에는 우연 그 이상의 의미가 있지 않을까요?"

"네, 그럴 수도 있겠군요. 아르주나가 그 사이로 나아가지 않았다면 아무런 문제 없이 전쟁을 치렀을 테고 결과적으로 『마하바라타』의 전쟁 이야기는 아주 밋밋해지고 말았겠군요."

"그래요. 그러니 아무도 시도하지 않고 아르주나만이 시도한 도전적인 한 걸음을 높이 평가해야겠죠. 아르주나는 다만 자기 자리에만 머물러 있지 않고 상대편과 만날 수 있는 그 중간 지점까지 갔을 뿐이에요. 하지만 그 중간 지점까지 갔기 때문에 아르주나의 이전 생각들이 무너지면서 새로운 생각들이 들어올 수 있는 여지가 생긴 거죠. 마찬가지로 당시 힌두 사회의 관점에서 보자면 아르주나의 이 한 걸음은 변화하는 세상에 적합한 새로운 기준을 맞이하러 가는 운명의 첫걸음을 상징하지 않을까요?"

"자기 진영에 머문 사람들이 고집스럽게 오래된 기준을 붙들면서 모든 통로를 닫은 반면에 아르주나는 새로운 기준이 들어올 수 있는 통로를 열었다고 생각하는군요. 그렇지 않나요?"

"네. 그렇기도 하죠. 사람들은 항상 자기 자신만은 흰색이라고 믿잖아요. 자기 자신은 선의 편에 속하고 정의의 편에 속한다고 철석같이 믿는 거죠. 하지만 아르주나는 자신의 믿음을 시험해보려고 해요. 그 시험을 자신의 자리에 머문 채 할 수는 없잖아요. 당연히 중립 지대인 회색 지대로 가서 시험해야 하는 거죠."

고품격의 회색이 있다면 극단적이고 극성스런 흑백 논리를 물리치는 회색이다.(이건 앞에서 다 이야기한 것이다.) 이 회색은 흰색과 검은색으로 선명하게 나뉘는 것을 바람직하지 않게 여기기 때문에 흰색과 검은색의 경계를 아주 흐릿하게 만들어버린다. 흐릿한 경계에서는 흑백 논리가 없고 회색 논리만 있다.

흰색이 자기 안에서 혹은 자기 바깥에서 검은색을 만나면 두 가지 행동이 가능하다. 하나는 자신이 흰색이라는 사실을 고집스럽게 믿으면서 검은색의 존재를 무작정 부정하거나 검은색을 무작정 흰색으로 포장하는 것이다. 이는 흑백 논리의 방식이자 자기 자리에만 머무는 방식이다. 또 다른 하나는 자신이 흰색이 아닐지도 모른다고 의심하면서 검은색을 만나서 확인해보는 것이다. 이는 회색 논리의 방식이자 자기 자리를 떠나는 방식이다. 아르주나는 후자의 방식을 따른다. 자기 진영을 떠나 양 군대의 사이에 선 채로 어느 편이 더 정의로운지 모르겠다며 혼란스러워하는 것으로부터 알 수 있지 않는가.

흰색과 검은색은 한 쌍이자 한 짝으로서 서로가 서로의 거울이다. 하나가 거울인 다른 하나에 자신을 비춰봄으로써 그 하나는 자신을 더 잘 알 수 있다. 그리고 그 거울에 비춰보기 위해서는 오로지 흰색과 검은색의 경계인 회색 지대에까지 나아가야만 한다. 회색 지대는 흰색과 검은색이 지속적으로 만나는 공간이다. 아르주나는 그 공간으로 나아가고 그 공간에서 세상사가 흑백으로 양분되지 않는다는 것을 깨닫는다. 이처럼 아르주나의 회색 성향이야말로 『기타』에서 가장 핵심적인 부분이 아닐까?

하늘은 스스로 돕는 자를 돕는다고 회색을 받아들인 아르주나는 그 자체로 신의 가르침을 받아들일 준비가 되어 있다. 아르주나가 문을 두드리지 않았다면 크리슈나는 문을 열어주지 않았을 것이다. 문을 열어준 이후에는 그저 지혜를 전달하는 일만 남았을 뿐이니, 문을 열어주기 이전에 아르주나가 문을 두드리는 그 긴장감 넘치는 이야기가 『기타』에서 가장 아름다운 부분이지 않을까? 요컨대 아르주나의 회색 성향은 『기타』에서 가장 극적인 장치다.

이제 마지막으로 어느 강연에서 『기타』의 '회색성'을 예찬하는 생생한 목소리를 상상해본다.

"사실 회색이야말로 이 세상의 현실감을 보여주는 색이 아닐까 싶어요. 세상살이는 결코 질서정연하거나 단순하지 않아요. 삶의 모순이나 세계의 복잡성 그런 것이 회색이 아니고 뭐겠어요. 그리고 영화를 보면 자주 주인공이 자기 삶의 현실감을 인정하지 못하는 이야기를 접하죠. 물론 마지막에는 주인공이 현실감을 인정하면서 새로운 삶을 시작하죠.

요점은 이거예요. 언제든지 우리 삶은 회색의 현실감을 인정하는 것에서 출발해야 한다는 거예요. 음, 물론 출발점이 그렇다는 거고 도착점이 그래서는 안 되겠죠. 회색의 현실감을 인정하되 항상 그 회색에서 빠져나오도록 애써야 한다는 거예요. 회색에서는 도통 의지할 게 없으니 보통 사람이 계속 회색으로 살아가기는 힘들어요. 빠져나와야 하죠.『기타』에서 아르주나는 도대체 무엇에 의지한 채로 이 세상을 살아가야 할지를 모르는 회색 지대의 인간을 대표하죠. 크리슈나는 최선을 다해 그 무언가 의지할 것을 알려주는 신성한 존재죠. 크리슈나의 가르침을 무조건 초월적인 내용으로 받아들일 필요는 없을 거예요. 단지 그는 저 회색 지대로부터 벗어날 수 있는 소박한 등불을 보여줄 뿐이에요. 물론 그 등불은 작지만 아주 밝고 멀리 있지만 아주 소중한 그런 것이죠."

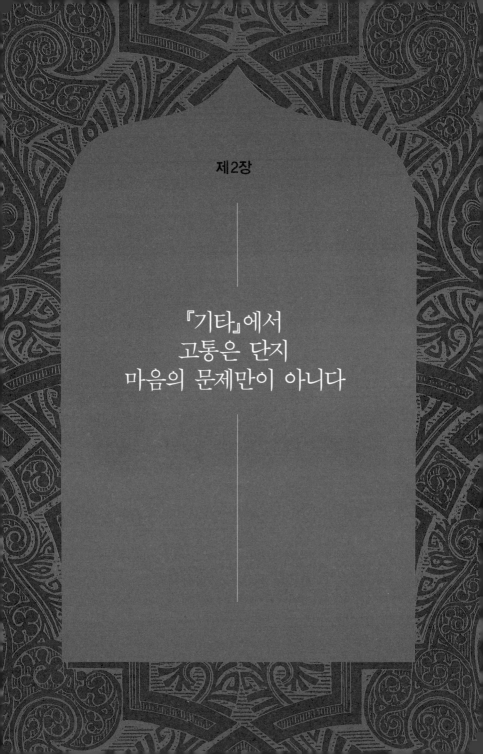

제2장

『기타』에서
고통은 단지
마음의 문제만이 아니다

아르주나가 말한다.

"크리슈나여,

싸우기를 원하여 정렬한 저의 이 친족들을 보고 나니

제 사지는 맥 빠지고 입은 바싹 마르며

제 몸은 전율하고 털끝이 곤두섭니다.

손에서 간디바(활)가 미끄러져 떨어지고

살갗이 따끔따끔거리며

심지어 서 있을 수조차 없고

제 마음이 빙빙 도는 듯합니다."

(1.28~1.30)

## 크리슈나, 괴로워하는 아르주나에게 다가가다

『기타』를 읽은 사람들에게 그 줄거리를 물어보면 재미있는 결과
가 나올 것이다. 책을 이해하는 데도 읽는 사람의 욕망이 반영되는
이상 제각기 다른 줄거리를 말할 가능성이 꽤 높기 때문이다.

하지만 모두가 인정하는 줄거리가 있게 마련이다. 간혹 인정하지
않는 사람도 있을 법한 그 줄거리란 전쟁터에서 싸우지 않으려는
아르주나 왕자에게 크리슈나 신이 싸워야 한다고 설득을 하는데,
그 설득이 성공해서 마지막에 왕자가 싸울 결심을 한다는 것이다.

이 줄거리에 따르면 적어도 신이 싸우지 않으려는 왕자를 싸우
게 만드는 데 성공한 것은 사실이다. 그리고 신이 왕자의 마음가짐
을 바꾸었으니 다른 무엇도 아니고 바로 신의 '설득'이 성공했다고

말하는 데 그 누구도 이의를 제기하지는 않을 것이다.

이와 같은 줄거리는 『기타』의 구성을 살펴볼 때 더욱 확실해진다. 구성을 간단하게 정리하면 18장으로 이루어진 『기타』는 크게 세 부분으로 나뉜다.

**앞부분** 1장에서 2장 초반까지이고, 아르주나 왕자가 싸우지 않겠다고 결심하는 내용이다.ॐ

**중간 부분** 2장 초반부터 18장 후반까지이고, 크리슈나 신이 싸워야 한다고 아르주나 왕자를 설득하는 내용이다.

**뒷부분** 18장 후반의 아주 짧은 부분이고, 아르주나 왕자가 드디어 싸우겠다고 결심하는 내용이다.ॐॐ

그렇지 않은가. 얼핏 보아도 『기타』는 신이 인간의 고통과 고민을 해결해주는 줄거리를 가지고 있다. 왜 자꾸 이 줄거리를 강조하느냐고?

좀 믿기 어렵겠지만 인도의 수많은 사상가들은 『기타』를 오로지

---

ॐ "이와 같이 적을 괴롭히는 자인 아르주나는 크리슈나에게 말했습니다. 그 뒤 '저는 싸우지 않을 것입니다'라고 크리슈나에게 고하고서 참으로 침묵을 지켰습니다."(2.9)

ॐॐ "아르주나가 말했다. 크리슈나여, 저는 당신의 은총으로 말미암아 미혹迷惑이 소멸되었으며 본래의 생각을 얻었습니다. 의심이 사라졌으며 확고해졌으니 당신의 말씀을 행할 것입니다."(18.73)

중간 부분으로만 이루어진 것처럼 간주하였다. 다르게 말해서 『기타』는 신의 설교로만 이루어진 것인 양 여겼던 것이다. 그만큼 아르주나가 싸울지 싸우지 않을지 고통스럽게 고민하는 앞부분에는 관심이 없었다. 신이 아르주나의 고민을 해결한 결과가 드러나는 뒷부분의 이야기에도 그다지 주목하지 않았다.(그들이 왜 그랬는지 그 이유를 깊이 탐구해볼 필요가 있다.)

이 때문에 『기타』가 3단계의 이야기 구조로 되어 있다고 계속 강조할 필요가 있다. 즉 아르주나가 고통스러워하면서 전쟁 참여를 거부하자(1단계), 크리슈나가 아르주나에게 마음을 고쳐먹어야 한다고 설득하고(2단계), 결국 마지막에 설득된 아르주나가 참전하기로 마음을 먹는(3단계) 이야기 구조 말이다.

재차 말하지만 이 이야기에서 결과만을 두고 보았을 때 크리슈나가 설득에 성공했다는 것은 그 누구도 의심할 수 없다. 전쟁에 참여하기를 거부하는 장수를 설득하기란 생각만큼 쉽지 않다. 그런데 크리슈나는 성공했다. 이건 기적에 가까운 일일 수도 있다. 어떻게 크리슈나는 아르주나를 설득할 수 있었을까?

이에 답하기 위해서는 가장 먼저 아르주나가 어떤 고통에 빠져 있었는지 알아야만 한다. 간단하게 그의 고통을 확인해보자. 위대한 장수인 아르주나는 크리슈나가 이끄는 마차를 타고 양 군대의 가운데로 가서 적군으로 정렬해 있는 친족들을 본 뒤 다음과 같이 말한다.

아르주나 "크리슈나여, 싸우기를 원하여 정렬한 저의 이 친족들을 보고 나니 제 사지는 맥이 빠지고 입이 바싹 마르며 제 몸은 전율하고 털끝이 곤두섭니다. 손에서 간디바(활)가 미끄러져 떨어지고 살갗이 따끔 따끔거리며 심지어 서 있을 수조차 없고, 제 마음이 빙빙 도는 듯합니다."(1.28~1.30)

아르주나가 겪는 고통의 질감이 느껴진다. 멀리 떨어져 있을 때는 몰랐지만 친족들을 한 명씩 확인할 수 있을 만큼 지척咫尺에 오자 그는 곧 그들과 동족상잔의 전쟁을 치러야 한다는 현실을 절감한다. 위대한 장수 아르주나는 전율하고 무기력해하며 심지어 무기를 놓치기까지 한다. 이 크나큰 고통은 전全 존재가 감정의 무력감으로 뒤덮이는 꼴이다. 감정의 공황이다.

감정의 공황은 갑작스럽게 찾아온다. 그렇지만 그 여파는 굉장히 오랫동안 지속된다. 그러는 와중에 아르주나는 자신이 부끄러운 짓을 하려고 했다는 것을 뼈저리게 후회한다.

아르주나 "아! 왕권의 행복에 대한 탐욕 때문에 친족을 죽이려고 애쓰는 이 엄청난 죄악을 저지르려고 우리가 마음먹었다니! 만약 이 전쟁에서 무기를 손에 든 드리타라슈트라의 아들들이 무장하지 않은 채 저항도 하지 않는 저를 죽인다면 그것이 저에게는 더 편할 것입니다."(1.45~1.46)

아르주나는 왕권 때문에 친족을 죽이려고 하는 것은 엄청난 죄악이므로 차라리 자신이 죽는 것이 더 낫다고 생각한다. 이제 그가 겪는 고통의 정체가 밝혀진다. 무엇일까? 그것은 왕권을 되찾는 목적을 달성하기 위해 무사인 자신이 친족을 살해해야 하는 고통이다. 한마디로 말해서 자기 욕심 때문에 사촌, 스승, 친구들을 무자비하게 죽여야만 한다는 고통이다. 아주 갑작스럽게 그렇게 깨닫는 순간이 있다. '내가 겨우 저 욕심이나 채우려고 이렇게 쓸데없고 한심한 짓을 하려 하다니!'

아르주나는 단지 이 역사적인 전쟁의 순간을 둘러보기 위해 양군대의 가운데로 나왔을 뿐인데 갑작스럽게 인간의 끝없는 욕심이 덧없음을 깨닫게 된다. 그러자 싸우고 싶은 의지가 완전히 소멸된다.(그런데 자신이 싸워야만 하는 무사라는 걸 잘 알고 있다.) 그의 고통은 비교할 데가 없을 만큼 치명적이다.

그렇다면 이제 이렇게 처참하게 무너진 아르주나를 크리슈나는 어떻게 탁월하게 설득할 수 있었을까? 답은 분명하다. 아르주나로 하여금 모든 것은 마음의 문제에 불과하다고 알려주었기 때문이다. 마음의 문제. 오로지 마음이 이 세상 모든 것을 만든다는 일체유심조一切唯心造라는 말처럼 세상의 모든 일은 마음먹기에 달려 있다는 것이다.

몸에 좋은 음식을 찾아 먹는다고? 그럴 필요까지야…… 그저 무엇을 먹든지 먹는 사람의 마음에 달려 있지. 젊어지려고 죽자 사자

운동을 한다고? 그럴 필요까지야…… 그냥 젊은 마음으로 사는 게 중요하지. 주위의 한 동료가 미워 죽겠다고? 그럴 필요까지야…… 미워하는 자신의 마음만 고쳐먹으면 되지.

크리슈나도 아르주나에게 마음의 문제라는 것을 지적한다.(다만 대놓고 이런 말을 하지는 않는다. 『기타』의 중간 부분 전체를 통해 아르주나의 고통이 마음의 문제에 지나지 않음을 계속 설득한다.)

마음의 문제가 무엇인지 다음 두 사람의 대화에 등장하는 비유를 통해 좀 더 쉽게 이해할 수 있을 것이다.

"저는 크리슈나가 펼친 설득의 기술을 '지평의 전환'이라고 부르고 싶어요. 비유하자면 아파트 일층에서 세상을 보던 사람을 이십층으로 데려갔다는 거예요."

"크리슈나가 아르주나에게 강한 충격을 주었다는 말로 들리는군요."

"그럴 수밖에요. 보통 사람들은 자기 감정에 빠져 있으면 그 감정에 지배를 받아서 스스로 벗어날 줄을 모르잖아요. 이때 외부에서 충격을 줘야 하는데 크리슈나가 그렇게 했지요. 아르주나는 마치 일층에서 눈을 감았다가 갑자기 이십층에서 다시 눈을 뜬 채 놀라운 전망을 보는 듯한 그런 충격을 받았을 거예요."

"지평을 전환하게 했다는 말은 마음의 문제로 받아들이도록 했다는 말과 같은 뜻이겠군요."

"그럼요. 아르주나는 전쟁터에서 별의별 생각을 다 하면서 상황을 더욱 복잡하게 만들어요. 결국에는 생각이 꼬이고 꼬여 엉망이 되죠. 그래서 크리슈나는 아르주나에게 생각을 바꾸라고 요구해요. 마음을 고쳐먹으라는 거지요. 마음만 고쳐먹으면 꼬인 생각들이 알아서 저절로 풀리게 된다는 거예요. 일층에서 안 보이던 것이 이십층에서 보이는 이치와 똑같아요. 아르주나의 눈높이로 전쟁을 보면 고통이 계속되고 색다른 눈높이로 전쟁을 보면 고통이 끝나버린다는 거지요."

"구체적으로 크리슈나는 어떻게 했나요? 모든 게 마음의 문제임을 어떻게 아르주나에게 알려주나요? 몇 가지 증거만이라도 보여줄 수 있겠지요?"

고로 세 가지 중요한 증거는 다음과 같다.

하나. 크리슈나는 고통에 빠져 있는 아르주나의 마음에 커다란 충격을 던지는 말을 한다. 매우 당혹스러운 조언의 요점은 이러하다. '전쟁터에서 육신을 죽일 수 있어도 영혼을 죽일 수는 없다. 육신과 달리 영혼은 영원하기 때문이다. 그러므로 아르주나는 육신만을 죽이는 전쟁에 참여해도 좋다.' 비통해하는 아르주나에게 영혼불멸을 가르치다니! 이건 마치 눈앞에서 수천 마리의 벌떼가 돌진해오는데 돌아앉은 채로 평온하고 안락한 자신의 안방을 떠올리라고 조언하는 것과 같다. 그럼에도 크리슈나의 이러한 조언은 강력하게 아르주나의 뒤통수를 때리지 않았을까? 난제에 빠져 허덕이는 사람에게는 종종 그 난제 자체를 없애버리는 방법이 필요하다. 그래서 아르주나는 '어, 무슨 말이지' 하면서 자신이 만든 마음의 틀을 아주 짧은 순간에 완전히 벗어나는 놀라운 경험을 했을지도 모른다. 자기 마음이 문제임을 찰나로 깨닫는 그런 경험!

둘. 아르주나는 최후에 크리슈나의 가르침을 다 듣고서 자신의 모든 미혹이 사라졌다고 고백한다.(물론 『기타』의 중간에 해당하는 11장에서도 미혹이 사라졌다고 말하기는 한다.) 자신의 잘못된 생각들이 사라졌고 올바른 생각들로 채워졌다는 것이다. 생각이 바뀌면서 난제가 다 해결되었다면 그것이 마음의 문제가 아니고 무엇이겠는가. 애초에 아르주나는 스스로 자신의 어리석음과 혼란을 고백한다. 크리슈나 역시 첫 가르침에서 아르주나더러 지혜로운 척하지 말라고 한다. 이처럼 모든 것은 어리석은 생각 때문이다. 생각을 바꿔야 한다는 것이 『기타』의 중요한 가르침이다.

셋. 아르주나가 고통을 겪는 큰 이유는 너무 많은 생각 때문이므로 크리슈나는 내내 그것을 버리라고 충고한다. 좀 더 자세히 말하자면 이렇다. 아르주나는 전쟁에서 친족을 죽일 때 발생할 여러 결과를 끊임없이 생각한다. 생각을 넘어선 상상이고 상상을 넘어선 망상이다. 그래서 크리슈나는 어떤 행동을 하든지 그 행동의 결과를 미리 생각하면서 행동해서는 안 된다고 가르친다(아, 이게 『기타』에서 가장 위대한 가르침으로 알려져 있다). 사람들은 행동을 하기 전에 미리 좋은 결과나 나쁜 결과를 이리저리 상상해보지 않는가. 그런 상상 때문에 행동 자체를 포기해버리는 경우도 있다. 그렇게 되면 마음속에서만 모든 것이 일어나고 실제 행동에서는 아무것도 일어나지 않는다. 아르주나도 전쟁을 치르려고 하지 않은 채 그저 마음속에서 전쟁의 결과만을 지독하게 망상하고 있을 뿐이다. 그러니 크리슈나가 바로 그 마음의 문제를 치유하려고 하는 것은 당연하지 않은가.

이러한 세 가지 증거로도 충분하다. 분명 크리슈나는 아르주나에게 모든 것은 마음의 문제에 불과하다고 가르쳐준 것이 확실하다. 그래서 크리슈나의 설득은 성공적이었다고 말할 수 있다. 그런데 혹 이런 질문을 던질 수 있다.

"마음의 문제라고 할 때 그 마음은 도대체 무엇을 가리킵니까?"


## 비판적 시각에서 본 크리슈나의 설득

마음의 문제라고 할 때 그 마음은 생각으로서의 마음이다. 지평을 전환하라는 것도 생각을 전환하라는 것과 다르지 않다. 결론은 마음이란 곧 생각인 것이다.

크리슈나는 아르주나에게 모든 것이 마음의 문제라고 말하면서 생각을 바꾸라고 가르친다.

하지만 마음의 문제라고 하면 끝인 것인가. 모든 것을 마음의 문제로 돌리는 태도 역시 비판받아야 하지 않을까?

이러한 점에서 마음(생각)을 중시하는 철학자와 감성을 중시하는 문인이 나누는 다음과 같은 대화를 상상해볼 수 있다. 이 둘의 대화는 『기타』를 읽는 시선의 차이를 극명하게 보여줄 것이다.

문인 모든 걸 마음의 문제로 간주하게 되면 만사가 무미건조해질 것 같아요.

철학자 무슨 말인가요?

문인 뭐랄까요. 마음의 문제라고만 하면 왠지 고상해 보이고 우월해 보여서 주눅부터 들잖아요. 마음의 문제가 아닐 때도 많은데 사람들은 마음의 문제라고 해야 성숙한 인간인 양 보잖아요. 그래서 획일적이고 폭력적이라는 느낌이 좀 있어요.

철학자 그건 오해에요. 예를 들어 담배를 끊으려고 애쓰는 사람이 있다고 하죠. 처음에는 굳은 의지와 함께 외부적인 여러 보조 장치에 의존할 거예요. 그러다 점점 흡연 욕구 때문에 의지가 약해지죠. 이때 아마도 금연이 마음의 문제임을 더 확실하게 깨달을걸요? 그렇게 되면 오히려 금연이라는 난제에 좀 더 유연하게 다가가지 않을까요? 그 상황에 대한 생각이 더 정밀해지는 동시에 더 풍성해진다는 거죠.

문인 제가 획일적이고 폭력적이라고 말하는 건 다른 측면이에요. 사람들은 어떤 난제에 대처하는 과정에서 대부분 마지막에 마음의 문제임을 깨닫는 편이지요. 마음의 문제임을 처음부터 아는 건 성인들에게나 가능하니까요. 예를 들자면 현재 실연의 상처로 슬픔에 빠져 있는 사람에게 시간이 모든 걸 해결해줄 거라고 하면서 슬픔은 오로지 마음의 문제라고 말하는 건 굉장히 위험하다고 주장하는 셈이에요. 또 세상의 모든 난제는 제각각 그 나름대로 선명하게 다른 색깔을 가지는데 마음의 문제라는 하나의 묘책으로 그 모든 난제를 해결하려고 해서는 안 된다는 거지요.

철학자 그게 왜 위험할까요? 『기타』에서 아르주나는 싸우지 않겠다고 선언해요. 이때 처음부터 마음의 문제라고 충고해야지 그렇지 않으면 아르주나는 전쟁터에서 도망가고 없을걸요.

문인 그건 알 수 없는 일이지요. 섣불리 아르주나를 재단하는 건 좋지 않아요. 크리슈나도 아르주나를 잘못 알고 있었을지도 몰라요. 행여나 『기타』에서 크리슈나가 정말 아르주나의 마음을 잘 이해하고 설득했다고 생각하나요?

철학자 그럼요. 그의 마음을 잘 이해하고 있었으니 마음의 문제라고 가르쳐줄 수 있었겠죠. 크리슈나는 아르주나가 어떤 삶을 살아왔는지 잘 알고 있었어요. 게다가 아르주나가 자기 처남인 이상 다른 누구보다 그의 마음 상태를 더 관심 있게 지켜봤을 거예요. 그의 마음을 제대로 이해했기 때문에 크리슈나의 설득이 성공할 수 있지 않았을까요?

문인 물론 그렇게 볼 수도 있어요. 큰 틀에서는 그랬겠지요.

철학자 큰 틀이라뇨?

문인 전쟁의 결과까지 다 알고 있는 듯한 신의 시각 말이에요. 인간의 시각은 다르겠지요. 저는 신으로서의 크리슈나가 인간 아르주나의 섬세한 마음을 제대로 이해하지 못했다고 생각하거든요.

철학자 그건 참 흥미로운 관점이군요. 전지전능한 신이 한 인간의 마음을 제대로 이해하지 못했다…… 그러니 신의 설득도 실패한 거나 마찬가지다. 뭐 이런 해석이군요.

문인 네, 비슷해요. 하지만 신의 설득이 실패했다는 건 아니에요. 단지 완전히 성공적이지는 않았다는 거예요. 조금 전에도 말했지만 크리슈나가 아르주나의 고통을 처음부터 단지 마음의 문제만이라고 단정한 게 잘못이에요. 아르주나의 고통에는 무수한 잔주름이 있지요. 신의 거대한 안목은 그 미세한 주름들을 놓치고 있다는 거예요.

철학자 무슨 말인지 확실하게 이해되지는 않는군요.

문인 대단한 건 아니에요. 마음의 문제라고 할 때 그 마음은 주로 생각을 가리키잖아요. 크리슈나가 아르주나에게 가르친 것도 생각을 바꾸라는 거였죠. 그런데 생각을 바꾼다고 해서 어떤 난제가 완전히 해결되지는 않아요. 느낌이라든가 정서라든가 감성이라든가 그런 것도 아주 중요하다는 말이에요.

과연 이처럼 『기타』에서 크리슈나의 설득은 한계를 갖는 것일까? 그의 설득은 아르주나의 생각을 두드리기는 했지만 감성을 건드리지는 못했을까? 그의 설득은 생각으로서의 마음을 바꿀 수는 있었지만 감성으로서의 마음을 위로하지는 못했을까? 그렇다. 한계가 있는 것은 분명하다. 결과론적으로 아르주나가 설득을 당했을지라도 그 설득의 과정에 뭔가 어설픈 것이 있었을지 모른다.

우선 크리슈나의 설득은 현실을 떠나 있다. 물론 크리슈나는 아르주나의 과거적 삶을 잘 이해하고 있을 것이다. 하지만 그는 그 과거를 현재 상황과 잘 연결시키지 못하고 있다. 과거와 현재가 따로 논다. 그는 현재의 아르주나가 대면한 문제를 과거에 비추어 입체적으로 살펴보아야만 한다. 그럼에도 그는 과거의 이야기에 침묵하고 현재의 이야기에 그 어떤 평가도 내리지 않는다. 그는 이야기를 잊어버린다. 이야기가 없으니 현실이 없는 것과 같다.

그리고 크리슈나의 설득은 문제에 집중하지 않는다. 크리슈나는 아르주나에게 구체적인 답이 아니라 교과서 같은 답을 한다. 아르주나가 대면한 문제와 상관없는 말을 하는 것이다. 간접적으로는 다 관련이 있다고? 간접적으로야 무슨 말이든 관련이 없겠는가. 충격을 주기 위한 지평의 전환이라고? 충격도 한두 번이지 했던 말을 또 하고 안 해도 되는 말을 또 하고 나중에는 왜 그런 말을 하는지 모두 잊어버릴 것만 같다. 아르주나의 난제는 까맣게 잊어버린 채 어렵고 복잡한 그 가르침을 해독하기에도 너무나 바빴던 것이다. (실제로 『기타』를 읽는 독자들은 크리슈나의 심오한 가르침을 이해하려고 애쓰는 와중에 아르주나의 고통을 까맣게 잊어버리는 경우가 많다.)

더욱이 크리슈나의 설득은 쌍방향이 아니라 일방향이다. 크리슈나는 혼자서 대화를 할 뿐이다. 물론 아르주나가 질문을 던지기도 한다. 그러나 크리슈나의 설교에 장단을 맞추는 추임새 정도이다. 아르주나의 처연한 고뇌 이후에 『기타』는 크리슈나의 혼자놀이에 모든 것을 할애한다. 그래서 얼핏 보면 크리슈나는 아르주나의 고통을 치유하기 위해 설교한다기보다 자신의 지혜를 모든 사람에게 전하기 위해 설교하는 것 같다. 세상을 구원하기 위해 이 땅에 인간으로 내려온 그는 단지 올바른 법도法道가 무엇인지 후다닥 전하기만 하고 사라지려는 것 같다. (어쩌면 크리슈나는 아르주나라는 한 개인의 고통을 해결하는 데 관심을 갖는 대신에 만인을 대상으로 하여 오직 올바른 법도를 만천하에 선포하는 데 관심이 있을지도 모른다.)

지금까지의 내용을 정리하면 크리슈나의 설득은 뭔가 부족한 점이 있다는 것을 알 수 있다. 근본적인 이유는 그의 설득이 지나치게 건조하고 마음을 움직일 만한 요소를 결여하고 있다는 데 있다. 간단하게 말해서 설득은 있지만 치유가 없다는 것이다. 전쟁터에 서 있는 아르주나는 마음이 아프다. 아픔은 그것의 원인이 무엇이든 간에 실제의 아픔이다. 그리고 마음의 아픔은 치유되어야 한다.

사실 아르주나가 그토록 아파하는 것은 망상이 큰 원인으로 작용한다. 아르주나의 망상은 정말 대단하다. 그는 스스로 머릿속에서 전쟁을 치르고 있다. 전쟁을 시작하기도 전에 전쟁 이후의 상황을 상상하고 망상한다.

아르주나 "그리고 저는 불길한 징조들을 봅니다. 크리슈나여, 전투에서 또 친족을 죽인다면 지선至善을 찾지 못합니다. 크리슈나여, 저는 승리를 원하지 않습니다. 왕국도 행복도 원하지 않습니다. (…) 크리슈나여, 친족을 죽이고서 어찌 행복할 수 있다는 말입니까? 비록 마음이 탐욕으로 뒤덮인 저들이 가문의 파괴를 야기하는 죄악과 동무를 적대시하는 죄악을 보지 못할지라도, 가문의 파괴를 야기하는 죄악을 잘 아는 우리가 어찌 그 죄악으로부터 우리를 벗어나게 하는 줄 모르겠습니까? 크리슈나여! 가문이 파괴될 때는 영원한 가문의 법도가 무너집니다. 또한 법도가 무너지는 경우에 법도가 아닌 것이 온 가문을 횡행합니다. 크리슈나여, 법도가 아닌 것이 횡행함으로써 가문의 여인들이 타락합니다. 크리슈나여, 여인들이 타락하는 경우에 카스트가 혼잡해지고 맙니다. 혼잡함은 가문을 파괴한 자들과 가문의 사람들을 바로 지옥으로 이끕니다. 조상들은 지옥으로 떨어집니다. 왜냐하면 조상들에 대한 쌀과 물 등의 제사가 사라지기 때문입니다. 가문을 파괴한 자들은 카스트의 혼잡함을 유발하는 이러한 죄악들로써 영원한 카스트의 법도와 가문의 법도를 무너뜨립니다. 크리슈나여, 가문의 법도를 무너뜨린 사람들은 반드시 지옥에서 살게 된다고

저는 들었습니다."(1.31~1.44)

이 정도면 꼬리에 꼬리를 무는 망상의 연속이다. '전쟁이 끝나면 가문이 파괴된다. 가문이 파괴되면 가문의 법도가 무너진다. 가문의 법도가 무너지면 법도가 아닌 것이 횡행한다. 법도가 아닌 것이 횡행하면 가문의 여인들이 타락한다. 가문의 여인들이 타락하면 카스트가 혼잡해진다. 카스트가 혼잡해지면 관련된 사람들이 지옥에 간다.'

아르주나는 이 망상을 '불길한 징조들'이라고 표현한다. 전쟁 이후의 미래에 일어날 불길한 결과들을 미리 상상했기 때문이다. 크리슈나는 이 망상이 바로 고통의 원인이라고 진단하면서 처방을 내린다. 아직 일어나지도 않은 미래의 결과에 사로잡혀 전쟁을 하지 않겠다는 것은 바보짓이나 마찬가지라면서 미래의 망상에 빠지지 말고 현재의 행동에 충실하라고 충고한다. 크리슈나의 이 충고는 아르주나의 고통과 아픔을 치유할 수 있었을까?

앞에서 언급했다시피 이 충고는 아르주나를 설득하는 데 도움을 주었을지는 몰라도 그를 치유하는 데 도움을 주었을 가능성은 적다. 아르주나의 고통과 아픔은 단지 생각의 문제만은 아니기 때문이다. 그것은 감성의 문제이기도 하다.

아르주나의 지독한 망상이 아픔을 야기한다고 해서 그의 영혼이 느끼는 아픔을 두고 단순히 망상을 버리라고만, 또 생각을 바꾸라고만 조언하는 것은 충분하지 않다. 망상이 아픔의 원인이므로 망상을 없애면 아픔도 없어진다는 것은 한낱 머릿속에서나 가능한 도식에 지나지 않는다.

자신의 모든 삶이 부정되는 것만 같고 운명의 노리개가 된 것 같으며 모든 가치가 무의미해지는 것만 같은데 깨달은 성자와 같은 태도를 취하라고 말할 수는 없다. 영혼의 고통에 몸부림치는 이에게 초월을 꿈꾸는 완전자完全者가 되라고 말할 수만은 없는 노릇이다. 각자의 삶이 막장까지 다다른 전쟁터에서 한 영혼이 고통스러워한다면 저 멀리 우아한 지혜를 보여주는 것과는 별도로 가장 밑바닥에서부터 그 고통을 쓰다듬어주어야 하지 않을까?

결국 『기타』에서 어떻게 아르주나가 그토록 완벽하게 크리슈나에게 설득되었는지는 참으로 의문이다. 생각은 움직였지만 감성은 결코 움직이지 않았는데 말이다.


## 아르주나는 어떻게 고통을 치유했나

그런데 무척이나 놀랍다. 『기타』에서 크리슈나의 설득은 매우 특별한 전기轉機를 맞이하면서 확실한 성공을 거둔다. 또한 그런 과정 중에 크리슈나는 설득 이상의 무언가를 주게 된다. 처음에 아르주나의 고통을 마음의 문제로 여겨 생각을 바꿀 것을 계속 종용한다. 그럼에도 크리슈나는 아르주나의 고통을 위로해주지 않는다. 생각 전달의 과잉과 감성적 소통의 부재! 이것이 아르주나가 크리슈나와 대화를 나누면서 지속적으로 겪는 문제점이다.

이렇게 답답할 즈음 『기타』에 파격적인 전환이 나타난다. 『기타』의 중간 부분에 해당하는 10장과 11장에서 사건이 발생하는데, 아르주나가 크리슈나에게 '당신이 최고신이라면 그 증거를 보여주십시오!'라고 요청하는 내용이 그것이다. 아르주나의 요청에 크리슈나는 얌전하게 증거들을 서슴없이 보여준다. 바로 이 부분이 『기타』에서 최고의 전환점이다.

물론 그 이전에도 아르주나는 크리슈나를 의심한 적이 있다. 3장의 시작 부분에서 아르주나는 크리슈나가 혼란스러운 말로 자신의 마음을 뒤흔들어놓는다고 투덜거린다. 그리고 4장의 시작 부분에서는 크리슈나의 정체에 대해 불신을 보인다.

크리슈나 "나는 이 불변하는 요가를 비바스반Vivasvān에게 전했소. 비바스반은 마누Manu에게 전했고, 마누는 익슈바쿠Ikṣvāku에게 전했다오……."(4.1)
아르주나 "비바스반의 출생이 먼저이고 당신의 출생은 나중인데 당신께서 요가를 태초에 전하셨다는 그 점을 어떻게 이해해야만 합니까?"(4.4)

크리슈나는 불변하는 지혜를 아르주나에게 가르친 뒤 그 지혜를 태초에 자신이 처음 전했다고 덧붙인다. 이 말을 들은 아르주나가 의심하는 것은 당연하다. 크리슈나가 자신과 동시대의 사람인데 어찌 그 지혜를 태초의 인간에게 전할 수 있다는 말인가. 인간 크리슈나는 단지 자신의 마부이자 친구이자 또 스승일 뿐이지 않는가. 이때 친절한 인간 크리슈나는 자신이 최고신이라고 알려준다.

그렇지만 아르주나는 확실하게 믿지 않는 듯하다. 아르주나는 한참이 지나서야(10장에 와서야), 재차 자신의 의심을 노출한다. 최고신이라면 그 증거를 보여달라고. 마치 어린아이 같다. 아르주나의 요구는 끝간 데를 모른다. 그는 최고신의 본성과 위력을 알려달라고 한다. 그러고서 백문이 불여일견이라고 최고신의 형상을 직접 보여달라고까지 한다. 그야말로 아르주나는 점입가경의 극치를 보인다.

이에 크리슈나는 모든 요구를 다 들어준다. 여기서 중요한 것은 최고신의 어마어마한 실체를 직접 보여주는 대목이다. 형언할 수 없이 무한한 권능과 전율을 일으킬 만한 모습, 무수한 입과 눈에 셀 수 없이 다양한 장신구와 무기를 든 모습, 천상의 옷을 두르고 향기를 품은 채 무수한 얼굴을 펼친 모습, 신의 육체 안에 우주 전체가 부분으로 나뉜 채 하나로 모여 있는 모습, 신의 입으로 모든 세계가 삼켜져 들어가는 파멸의 모습까지.

양 군대의 중간에 두 사람이 서 있고 공중에 최고신의 경이로운 모습들이 마치 홀로그램처럼 상영된다. 상상만 해도 황홀한 모습이다. 어떻게 인간이 신의 위대한 모습들을 볼 수 있었을까? 『기타』는 이 점까지 안배해놓는다.

"하지만 그대 자신의 바로 그 눈으로는 나를 볼 수 없다오. 그대에게 신성한 눈을 주노니 나의 신적인 요가(위력)를 보도록 하오." (11.8)

최고신인 크리슈나는 자신의 마차 주인을 이렇게까지 깊이 배려한다. 그럼에도 이 정도로는 충분치 않았던 것일까. 아르주나는 이토록 무시무시한 최고신의 정체가 무엇인지 또다시 당당하게 묻는다. 이 부분이 중요하다. 크리슈나는 자신이 세상의 모든 운명을 주관하는 자라고 밝힌다. 시간을 초월한 존재이니 이 18일 전쟁의 결말까지 다 알고 있다는 것을 밝힌다. 더 이상 무슨 말이 필요할까! 이제야 아르주나는 최고신에게 완전히 압도당한다.

사실 『기타』의 11장에서 아르주나는 완전히 항복한다. 그 이후는 대지진 다음에 일어나는 작은 여진에 불과하다. 그렇다면 이 충격의 11장이 크리슈나의 설득과 어떤 관련이 있을까? 더 나아가 아르주나의 고통을 치유하는 것과 어떻게 연결될까?

11장에서 아르주나가 어떤 심경의 변화를 겪는지 세세하게 알기 위해 산자야를 불러보도록 하자. 산자야가 아르주나의 진심을 알아내기를 희망해본다.

산자야 장군께서는 크리슈나 신의 가르침을 잘 이해하셨습니까?

아르주나 글쎄요. 제가 자랄 때는 주로 무술을 배웠지 지혜나 도덕 같은 걸 많이 배운 적이 없어요. 신께서 여러 말씀을 전하실 때 제가 완전하게 이해한 것은 아니에요. 하지만 그 말씀들이 너무나 경이롭게 다가온 것만큼은 틀림없는 사실이죠.

산자야 신께서는 당신의 요구를 모조리 들어주셨는데 그건 대단한 특권입니다. 장군께서 지나치게 의심했기 때문에 신께서 그렇게 하셨을까요?

아르주나 저도 놀랐죠. 제가 마치 어린아이처럼 귀찮게 굴었는데 그렇게 친절하게 모든 요구를 다 들어주셨잖아요. 아마도 신께서는 당신의 가르침에 대해 의구심을 가지지 말라는 뜻에서 그러시지 않았을까요.

산자야 그럴 수도 있겠습니다. 신께서 "그대가 보았던 나의 이 형상은 매우 보기 어려운 것이라오. 신들조차도 항상 이 형상을 보고 싶어한다오"(11.52)라고 하시지 않았습니까. 이 정도의 은총은 인간 중에서 오직 장군만이 받았을 겁니다. 결국 신께서는 장군이 전쟁에서 싸우도록 모든 수단을 두루 동원하여 설득하려고 하신 셈입니다. 신께서 주신 가르침도 탁월했지만 장군을 설득하기 위해 애쓰시는 그 모습에 저는 더 감동을 받았습니다. 장군께서도 그런 모습 때문에 신의 가르침을 더욱 잘 받아들일 수 있지 않았습니까?

아르주나 네, 그렇지요. 신의 가공할 만한 실체를 직접 확인한 뒤에 전 이미 싸울 결심을 했었지요.

덧붙이자면 크리슈나가 가르치는 그 내용보다 가르치는 사람인 크리슈나에 대한 무한한 신뢰가 아르주나를 설득하는 데 더 결정적이었다.

힌두교도가 『기타』를 읽을 때도 크리슈나의 신성한 모습을 보고 전율하는 아르주나에게 가장 큰 흥미를 가진다. 종교적인 관점에서 이 지점은 감동 그 자체이다. 크리슈나는 이 지점 이후 더 이상 가르침을 내리지 말았어야 했다. 신의 장엄한 현현顯現과 이에 몸서리치는 인간이 완전하게 복종하는 지점. 이 극적인 지점이 바로 설득의 지점이다.

이번에는 다시 크리슈나가 아르주나의 심경 변화를 어떻게 이해하는지 산자야를 불러내 크리슈나에게로 보낸다.

산자야 거룩하신 신께서는 무엇 때문에 장군에게 그토록 친절하셨습니까?

크리슈나 나는 인간 아르주나의 고통을 위로해주지 않은 채 이해하기 힘든 가르침만 일방적으로 전했다는 말을 듣곤 합니다. 그러나 나는 어떤 사람이 고통에 빠졌을 때 다른 사람에게 위무慰撫를 받기보다 그 스스로 고통을 해결해나가기를 바랍니다. 아르주나에게도 그런 것을 기대했는데 그는 다행스럽게도 아주 적극적으로 내게 질문을 던지면서 스스로 문제를 해결하고자 하는 의지를 보였습니다. 나는 거기에 자연스럽게 대응했을 뿐이지 그것을 친절이라고 말하기는 좀 그렇습니다.

산자야 당신께서는 장군을 확실히 설득하기 위해 당신의 장엄한 형상을 보여야겠다고 미리 생각을 하셨습니까?

크리슈나 아닙니다. 그건 우연일 뿐입니다. 아르주나가 적극적으로 나와 대면하고자 하고 내가 거기에 자연스럽게 대응하는 과정에서 정말 우연히 그렇게 되었을 뿐입니다.

산자야 당신의 장엄한 형상을 본 뒤에 아르주나가 어떤 반응을 보였는지 제가 이렇게 묘사한 적이 있습니다. "이로부터 그 아르주나는 놀라움에 빠져 온몸의 털이 곤두선 채로 머리를 숙이고서 신에게 합장하며 말했습니다."(11.14) "크리슈나의 이 말씀을 듣고 나서 아르주나는 떨면서 합장한 채로 크리슈나에게 경배한 뒤 더듬거리며 매우 두려워하며 머리를 조아리며 또 말했습니다."(11.35) 처음에 장군이 적군을 살펴본 뒤에 감정적 공황에 빠졌던 것처럼 여기서도 장군은 당신의 장엄한 형상을 본 후 감정적 공황에 빠지고 말았습니다. 하지만 큰 차이가 있습니다. 처음의 공황이 고통으로 응어리진 것이었다면 이번 공황은 기쁨으로 고통이 씻기는 것이었습니다. 정말 장군은 고양된 듯한 모습이었습니다. 당신께서는 그 장엄한 현현을 우연이라고 말씀하시지만 제 생각에는 장군이 바로 그 우연 때문에 확실하게 감화를 받은 것 같았습니다. 저는 장군이 마음속에서 자기 정화를 얻었다는 느낌을 받았습니다. 당신께서는 어떻게 보셨습니까?

크리슈나 일단 우연은 그것이 일어났다면 더 이상 우연이 아니고 필연이라고 할 수 있습니다. 그리고 모든 건 아르주나가 스스로 자기 치유를 하려고 했기 때문에 가능했습니다. 내 입장에서는 억지로 그의 고통을 치유하기보다 그저 진심을 다해 그를 만나는 와중에 그의 고통이 자연스럽게 씻겨 내려가길 원했습니다. 자기 정화라는 표현이 적합한 것 같습니다. 결국 내가 우연히 그걸 원했는데 필연적으로 그런 결과가 나왔을 거라고 봅니다.

요컨대 크리슈나가 원한 것은 아르주나가 자발적으로 자신의 고통을 해소하는 것이다. 그 자발적인 적극성이 마침내 고통을 스스로 씻을 수 있도록 만든다. 고통을 씻는다는 것은 자기 감화이자 자기 정화이다. 감동의 기운이 넘치고 넘쳐서 깨끗하게 텅 비게 되는 감정의 카타르시스인 것이다. 신의 황홀한 형상을 보고 나서 아르주나는 드디어 기쁨으로 가득한 공황 상태를 겪는다. 고통으로 가득한 감정의 공황은 기쁨으로 가득한 감정의 공황으로 인해 마치 씻김굿을 끝낸 것처럼 완전히 사라지고 만다. 한 공황이 다른 공황에 의해 치유되는 장면인 것이다.

아르주나의 고통이 친족을 죽이는 것의 죄의식에서 비롯되었다면 이 씻김굿 이후의 카타르시스는 그것에 면죄부를 주는 지점이다. 우정으로 가득한 신의 영혼으로 인간의 영혼이 감화되고 정화되는 지점. 이 극적인 지점이 바로 고통이 치유되는 지점이다.

크리슈나와 아르주나. 한 사람은 설득에 성공하고 다른 한 사람은 고통이 치유된다. 크리슈나는 마치 의도한 듯이 모든 것을 다 말해주지 않는다. 오히려 아르주나가 스스로 진리를 찾아가도록 유도하는 듯하다. 크리슈나는 미지의 무언가를 계속 남겨두고 아르주나는 질문을 던지면서 한 발짝씩 그 진리에 가까이 다가간다. 그러다가 아르주나는 어느 틈엔가 진리의 반석 위에 서 있는 자신을 발견한다. 바로 이것이 진리를 찾아가는 과정이다.

진리를 찾아가는 과정 속에서 진리를 찾는 것처럼 고통을 해소해가는 과정 속에서 고통이 해소될 수 있다. 아르주나는 스스로 고통을 치유하는 길을 질문과 요구의 형식으로 간구한 셈이다. 또한 크리슈나는 아르주나의 그러한 자기 치유의 길에 넉넉한 마음으로 보조를 맞춰준다. 11장에서 이 둘의 신비로운 만남을 통해 『기타』는 설득과 치유가 동시에 가능한 어떤 지점을 보여주는 것이다.

사실 이 둘은 끈끈한 친구이자 처남매제 사이다. 그런데 둘의 관계는 『기타』에서 계속 변모한다. 전쟁터에서 처음에는 마부와 장군 사이로 등장하고 아르주나가 가르침을 청하면서 스승과 제자 사이

로 바뀌다가 11장에서 최고신과 숭배자 사이로 또 바뀐다. (숭배자
가 되면서 아르주나는 예전에 크리슈나를 '어이, 크리슈나!' '어이, 친구!'라
고 부른 것과 크리슈나에게 무례하게 행동한 것을 절절하게 사죄한다.)

하지만 관계의 변모와 상관없이 둘 사이는 서로가 혼연일체가
되려는 듯이 믿음과 사랑으로 충만해간다. 격정과 감격의 시간이
끝난 뒤 아르주나는 크리슈나에게 이렇게 말한다. 이 말을 하는 그
의 표정은 아늑한 평온 그 자체일 것이다.

"신이시여, 아들에 대해 아버지처럼, 친구에 대해 친구처럼, 애인
에 대해 애인처럼 당신께선 저를 대해주셔야 합니다."(11.44)

격정과 감격은 짧지만 그 이후에 이어지는 감화는 길다. 그것은
마치 태풍이 지나간 뒤에 보이는 청명한 가을 하늘과 같다.

크리슈나의 긴 설득이 마지막에 남기는 것은 단지 지성만으로는
사람을 움직일 수 없다는 분명한 진리이다. 그러나 보다 중요한 것
은 고통은 그 자체로 자연스레 씻겨나가도록 한발 비켜줘야 한다
는 단순한 진리이다. 너무 직접적으로 고통을 위로하거나 무심하
게 고통을 외면하지 말고 한 발짝만 살짝 비켜서서 고통의 씻김굿
에 동참해야 한다는 것이다.

만약 이와 같은 방식으로 크리슈나가 고통에 빠진 아르주나를
설득했고 또 치유했다면 이는 의도하지 않은 듯이 자연스럽게 치

유에 이르게 되는 거의 예술의 경지에 오른 설득의 기술일 것이다. 그래서 『기타』의 줄거리를 이루는 '설득'이란 매우 특별한 것임에 틀림없다. 고개를 끄덕이게 하면서 동시에 마음까지 움직이고 사로잡아버리는 이 탁월한 설득의 기술. 설득당하는 자가 설득당하는 것을 오히려 기쁨으로 여기게 되는 이 절묘한 설득의 기술.

제3장

『기타』가
폭력을 옹호한다는
주장도 일리가 있다

크리슈나가 말한다.

"아르주나여,

우연히 주어지고

천국의 문을 열어주는

이와 같은 전쟁을 얻은 무사들은 행복하다오.

그러나 만약 그대가

의무에 속하는 이 전투를 행하지 않을 것이라면

그로부터 자신의 의무와 명예를 저버린 채

그대는 죄악을 얻고 말 것이오."

(2.32~2.33)

## 크리슈나의 가르침: 자기 본성에 충실하기

『기타』를 읽다가 갑자기 집어던져버린 서구의 한 여성학자가 있다고 한다.

"변명의 여지가 없어! 이 책은 그저 전쟁광을 위한 책에 불과하다니깐! 어떻게 신이·살육을 명령하는 이런 책이 한 종교의 최고 경전으로 받들어지는지 도무지 이해할 수가 없어!"

이 여성학자의 태도를 어떻게 해석해야 할까? 여러 차원에서 생각해볼 수 있을 것이다. 첫째, 본래부터 인도를 잘 알던 학자였으므로 『기타』를 무조건 숭배하는 풍토를 조금 과장하여 간접적으로 비난한 것이다. 둘째, 비록 인도에 관해 풍부한 지식을 가지고 있는 학자일지라도 동양 종교에 대한 편견에 사로잡혀 있을 뿐만 아니라 인도인의 반어적인 사고방식을 이해하지 못하고 있다. 셋째, 『기타』를 읽어내려고 최대한의 노력을 기울였으나 동양의, 특히 인도의 고원高圓한 정신세계를 파악하는 데 실패한 결과이다.

그녀의 견해가 어느 경우에 속하는지는 알기 어렵다. 다만 그녀가 『기타』에 대해 과잉반응을 보인 것만큼은 분명하다. 그럼에도 그녀의 태도를 완전히 무시할 수도 없다. 도대체 『기타』의 어디에 전쟁광을 위한 책이라는 징후가 있는 걸까? 그리고 『기타』가 그러하다면 최고신인 크리슈나가 전쟁광이라는 것일까? 정녕 어떻게 신이 전쟁광일 수 있는 것일까?

눈여겨보아야 할 점은 『기타』의 앞부분에 아르주나가 친족을 죽여야만 하는 상황에 미친 듯이 괴로워하고 있을 때 크리슈나가 던진 첫마디이다.

"아르주나여, 이렇게 위급한 때에 귀족답지 못하고 천국으로 이끌지 못하며 명예롭지 못하게 하는 이 의기소침함이 어찌하여 그대에게 생겼소? 아르주나여, 무기력하게 굴지 마시오. 이는 그대에게 어울리지 않소. 적을 괴롭히는 자여, 좀스러운 나약한 마음을 버리고서 일어서시오."(2.2~2.3)

이는 나약한 마음을 버리고 당장 일어나 무기를 부여잡아 싸울 준비를 하라는 것이다. 이뿐만이 아니다. 『기타』의 전편에 걸쳐 크리슈나는 아르주나에게 명령한다. '일어서시오! 행동하시오! 싸우시오! 죽이시오!' 이런 명령어들이 무엇을 뜻하겠는가. 나약하거나 비겁한 모습을 보이지 말고 어서 전쟁에 적극적으로 뛰어들라는 소리다.

게다가 크리슈나의 첫 가르침은 또 어떤가. 그의 가르침을 거칠게 표현하면 '그대가 그대의 친족들을 죽일지라도 오로지 그들의 육신만 죽일 뿐이지 영혼을 죽일 순 없다. 그러니 마구잡이로 친족을 살해해도 아무런 문제가 없다'는 내용이다. 이는 전쟁과 살육에 대해 신이 면죄부를 주는 것이나 다름없다. 결국 『기타』에 대한 저 여성학자의 판단은 어느 정도 올바르다고 볼 수도 있지 않을까?

하지만 완전히 반대의 관점도 가능하다. 크리슈나가 아르주나에게 전쟁에서 싸우라고 계속 명령하지만 숨겨진 가르침을 따라가보면 결코 그가 전쟁을 옹호하거나 폭력을 조장하는 것은 아니기 때문이다. 심지어 겉으로 드러난 사실을 따라가더라도 마찬가지이다. 전쟁이 일어나기 전에 크리슈나가 양 측의 갈등을 평화적으로 해결하기 위해 진심으로 온 노력을 기울인 적도 있지 않은가.

마하트마 간디는 『기타』의 교훈이야말로 폭력이 아니라 비폭력이라고 단정짓는다. 그는 『기타』에 진리가 있다면 그것은 오로지 비폭력을 통해서만 드러날 수 있다고 확신한다.(사실 간디도 『기타』

에서 폭력이 어느 정도 노출된다는 점을 인정한다. 그러나 『마하바라타』의 이야기와 『기타』를 연결해보면 현명한 사람은 반드시 『기타』의 최종 가르침이 비폭력이라는 것을 깨달을 수 있다고 주장한다.)

영국 식민지 시기, 인도가 강대한 물질문명을 앞세운 영국에 유린되던 그 시기에 어떻게 대응할 수 있었을까? 간디는 영국의 물질적 힘에 똑같이 물질적 힘으로 맞서는 것보다 정신적 힘으로 맞서는 것이 현명하다고 판단하였다. 영국의 폭력에 폭력으로 맞서는 것보다 비폭력으로 맞서는 것이 진리의 편에 서는 길이라고 확신하였던 것이다.

그러므로 간디의 비폭력이란? 물질적 유혹이나 사악한 속임수 같은 폭력에 굴하지 않은 채 항상 마음에서 선함과 진실함을 통해 만물을 대면하면 마지막에는 반드시 진리의 힘이 이기게 된다는 것을 뜻한다.

『기타』에서 아르주나는 정의롭지 못한 적군에 대비하여 자신의 정의로움에 자부심을 가져야 함에도 그러지 못하고 있다. 아르주나는 자신의 본성에 맞게 전쟁터에서 진실하게 행동해야 함에도 자신을 속이고 있다. 이러한 가운데 크리슈나가 '싸우라!'고 하는 것은 의심의 여지 없이 '너 자신과 싸우라!'고 하는 뜻이다. 자신 안에 놓여 있는 유약함과 거짓됨을 물리치기 위해 그렇게 만든 원인을 찾아 당당하게 대면하고 싸우라는 뜻이다. 따라서 싸우라는 가르침은 폭력의 가르침이 아니다. 도리어 자신과 싸워 이김으로써 진리에 도달하게 만드는 가혹하고 냉철한 비폭력의 가르침이다.

이처럼 간디가 밝히듯이 『기타』는 비폭력을 노래한다. 신문의 행간을 읽듯이 『기타』를 깊이 들여다보면 그 본래의 가르침이 비폭력이라는 것을 알아챌 수 있다.

『기타』의 크리슈나 신을 아낀 라즈니쉬Rajneesh(1931~1990)가 간디를 만난다면 간디가 자신보다 앞서 『기타』를 비폭력주의로 해석한 것에 큰 고마움을 표했으리라. 그런데 라즈니쉬의 『기타』 해석은 간디보다도 한발 더 나아간다고 말할 수 있다.

라즈니쉬 저는 『기타』에서 비폭력의 가르침을 찾아내신 선생님을 적극 지지한답니다.

간디 고마워요. 하지만 난 그대의 『기타』 해석에 훨씬 더 감명을 받았지요. 특히 '자신의 의무'에 대한 해석 말이에요. 미안하지만 내게 직접 들을 수 있는 기회를 주지 않겠어요?

라즈니쉬 네, 그러시군요. 그렇다면 부끄럽지만 제 생각을 말씀 드리겠습니다. 일단 제가 주목한 부분은 이 구절입니다. 『기타』에서 크리슈나는 이렇게 말합니다. "무가치한 자신의 의무가 잘 실행된 타인의 의무보다 낫다오. 자신의 의무 속에서 죽는 것이 낫다오. 타인의 의무는 두려움을 초래한다오."(3.35) 여기서 자신의 의무와 타인의 의무가 나옵니다. 타인의 의무가 아무리 좋다 한들 초라한 자신의 의무를 다하는 것이 더 낫다고 말합니다. 아르주나는 무사이기 때문에 무사로서의 자기 의무에 충실해야 한다는 조언인 셈이지요. 아르주나가 누굽니까? 천하에 둘도 없는 장수입니다. 장수면 장수답게 전쟁에서 싸워야지 자기가 마치 승려인 양 이상한 말을 해서는 안 된다는 겁니다.

간디 한마디로 말해 자신에게 주어진 카스트의 의무를 충실히 수행하라는 거네요.

라즈니쉬 그렇습니다. 무사 카스트는 무사의 의무만 열심히 지키면 된다는 겁니다. 사람은 각자 타고나는 면이 있습니다. 무사는 무사로서의 본성을 어느 정도 타고납니다. 무사로서의 본성을 타고나기 때문에 무사로서의 의무인 전쟁을 담당하는 것입니다. 그러니 아르주나에게 자신의 의무에 충실하라고 조언한 것은 자기 본성에 충실하라고 조언한 것이나 마찬가지입니다. 자기 자신을 왜곡해서 보지 말고 제대로 보라는 것이지요. 장수인 아르주나에게는 장수의 얼굴을 되찾으라는 말이 되겠지요.

간디 듣고 보니 나도 그런 말을 한 적이 있네요. 크리슈나가 아르주나에게 싸우라고 조언한 것에 감춰진 이유 말이에요. 아르주나는 오랫동안 폭력을 마치 관성처럼 행사하고 살아왔어요. 그런데 그가 싸우기 싫다고 할 때 싸우지 말라고 어떻게 조언할 수 있겠어요? 그럴 수 없어요. 크리슈나는 싸우라고 말할 수밖에 없지요. 밥 먹듯이 싸움을 즐겨 한 장군에게 네 자신을 똑바로 보고 장군의 모습을 빨리 되찾으라고 크리슈나는 그렇게 조언한 거예요.

라즈니쉬 네, 맞습니다. 그래서 저는 『기타』가 '당신이 누구인지 당신 자신에게 일깨우려는 노력'으로 가득한 경전이라고 생각합니다. 자신의 본성을 억누르지 말고 자유롭게 하라는 것입니다. 아르주나를 보십시오. 적군으로 마주친 사람들이 만약 자기 친족이 아니었다면 어떻게 했겠습니까? 자기 본성대로 마치 파리 목숨처럼 여기고 다 죽였을 겁니다. 그런데 적군이 자신의 친족입니다. 친족이기 때문에 죽일 수 없다는 마음의 집착이 생기기 시작합니다. 집착이 생기니 바로 무사의 본성이 사라지고 맙니다. 자신의 본성이 왜곡되고 만 것이지요. 결국 크리슈나는 아르주나라는 장수에게 아르주나 자신이 누구인지 일깨워주고 있을 뿐입니다.

간디 무사에게 싸우라고 조언한 것은 폭력과 무관하다는 말이네요. 싸움은 무사의 본성이니까요. 사제에게 제의를 잘 행하라는 것이 폭력이 아니고 상인에게 물건을 잘 팔라는 것이 폭력이 아닌 것과 같군요.

라즈니쉬 폭력이 난무하는 곳에서 비폭력의 가르침이 통할 수 있잖습니까. 폭력이 뭔지도 모르는 사람들에게 어떻게 비폭력을 가르치겠습니까. 『기타』는 전쟁과 폭력이 난무하는 상황을 설정해 놓고 그 속에서 평화와 비폭력의 소중한 가르침을 전한다고 볼 수 있습니다.

간디 좋은 말 고마워요. 생생한 육성으로 들으니 그대의 지혜가 더욱 빛을 발하는 것 같네요.

여기서 20세기에 가장 널리 알려진 인도의 구도자인 라즈니쉬는 『기타』의 가르침을 아주 명쾌하게 잘 정리해준다. 아르주나는 단순한 집착 때문에 자기 본성을 망각한 채로 괴로워한다. 크리슈나는 그에게 자기 본성이 무엇인지 계속 상기시키면서 본성을 따르는 행동이 무한한 자유를 준다고 가르친다.

물론 라즈니쉬가 자신의 의무를 자기 본성으로 풀이하는 건 오늘날의 기준에서 논란의 여지가 많을 것이다(이때 자신의 의무를 '자기 직업의 업무'로 이해해도 좋을 것이다). 고대 인도에서야 타고난 본성에 따라 계급의 의무가 주어진다고 하니 의무가 곧 본성이라고 말할 수 있다. 무사의 의무를 가지는 것은 곧 무사의 본성을 가지기 때문이라는 논리다. 그런데 요즘 사람들은 인간의 본성이라는 것이 있는지조차 의심하고 인간이 형성되는 데 환경이 중요하다는 점을 강조하는 편이다. 어떤 사람이 군인이 되었다면 본성 때문이라기보다 다른 무수한 요소들 때문이라는 논리다.

그럼에도 꽤 설득력 있게 다가오는 점은 『기타』의 최종 가르침이 비폭력이라는 해석이다. 폭력과 비폭력. 사실 『마하바라타』의 18일 전쟁 자체도 좀 이상하다. 폭력적인 전쟁인 것은 분명하지만 또 완전히 폭력적이지는 않다.

양 군대는 매일 저녁에 전투를 그만둔다. 이들은 서로 모여서 농

담을 건네고 안부를 묻기도 하고 또 그날 죽은 자를 서로 애도하기도 한다. 게다가 양측 장수들은 한자리에 모여 집안의 큰 어른에게 평화에 관한 교육을 받는다(양측의 사촌들은 성장하면서 무술만 배웠지 도덕 교육을 잘 받지는 못했다). 그러다가 다음 날 날이 밝으면 벌판이 붉은 피로 물들 만큼 잔인하게 살육을 저지른다. 이 무슨 말도 안 되는 상황이란 말인가!

이 아리송한 폭력의 전쟁은 비폭력과 평화가 들어갈 여지를 남겨두고 있는 듯하다(여기에는 폭력과 비폭력은 그저 동전의 앞뒷면과 같다는 사실, 폭력 속에서 비폭력을 가르치는 것이 더 가슴 찌릿하게 다가온다는 사실이 포함될 것이다).

그러므로 『기타』가 폭력을 조장한다고 주장하는 것이 오히려 더 어려운 일일지도 모른다. 크리슈나의 말 뒤에는 폭력을 가장한 듯한 비폭력의 가르침이 숨어 있다. 역시나 '경전의 숨은 지혜는 읽는 사람이 가지고 있는 마음의 거울에 따라 다르게 비친다.'


## 『기타』는 폭력을 무조건 부정하는가

그런데 『기타』에서 비폭력주의를 이끌어낸 것은 언제부터일까? '비폭력'이라는 말은 산스크리트어 '아힘사'에서 기원한다. 이 단어는 불살생 즉 살생하지 않음을 뜻한다. 불살생, 비폭력, 평화, 이런 말들은 다 비슷비슷하게 쓰인다(불살생이나 비폭력은 불교와 비슷한 시기에 성립된 자이나Jaina교에서 가장 강조한 덕목이다).

단언컨대 『기타』에 드러난 이야기 자체는 비폭력을 가르치지 않는다. 폭력을 쓰지 않겠다고 버티는 아르주나의 마음을 돌려야 하는 크리슈나가 어떻게 비폭력을 가르칠 수 있겠는가. 폭력을 버리려는 자를 설득하기 위해서는 폭력이 불가피함을 가르칠 수밖에 없지 않겠는가.

또한 인도의 고대 사상가들 대부분은 『기타』의 숨은 가르침이 비폭력이라고 해석한 바가 없다. 이유는 분명하다. '아힘사'라는 말은 인도에서 기본 중의 기본인 덕목에 불과하기 때문이다. 다시 말해 함부로 살생하지 말아야 한다는 원칙은 인도에서 발생한 대부분의 학파와 종파에서 공통적으로 받아들이고 있다. 비폭력은 때와 장소를 가리지 않고 모든 사람이 반드시 지켜야 하는 원칙이기 때문에 굳이 강조할 필요조차 없다. 비폭력은 기본적인 것일 뿐 중요한 것은 아니다. 이데올로기가 된 비폭력 또는 비폭력주의는 단지 간디가 만들어낸 역사적 산물에 지나지 않는다.

다음은 인도 근대사를 아는 사람이나 『기타』의 역사적 변모를 이해하는 사람이 충분히 말할 법한 내용이다.

"영국 식민지 시대였잖아요. 간디는 고민했어요. 영국의 강력한 힘에 대항하기 위해 인도인이 어떤 태도를 취해야 할지. 무력으로 대드는 것은 역부족이라고 생각했겠죠. 비폭력 무저항이 여기서 나와요. 영국에 힘으로 대항하지도 않고 영국에 협조하지도 않고 영국에 관심을 가지지도 않아요. 영국으로서는 미칠 지경인 거죠. 본래 상대의 대응이나 반작용이 있을 때 권력의 맛이 더 강하다고 하잖아요. 그런데 상대가 무관심하니 얼마나 애가 탔겠어요. 결국 비폭력 무저항은 역설적으로 매우 효과적인 저항의 힘을 보여줬어요. 몇 번이나 영국이 간디에게 항복하기도 했으니까요. 바로 이러한 과정에서 간디는 비폭력의 정신을 인도의 경전에서 찾으려 했던 거죠. 비폭력이 인도의 고유한 덕목이니 이 덕목을 인도의 힘으로 삼아 영국에 저항해야 한다는 논리에요. 그러다가 『기타』에서 비폭력의 정신을 찾아낼 수 있었겠죠. 『기타』가 가장 대중적인 경전이니 대중에게 인도의 정신적 힘에 대한 믿음을 줄 수 있었을 테니까요. 단지 이것뿐이에요. 비폭력은 인도에서 누구나 수용하던 진리였고 다만 간디는 그 진리를 시대에 맞게 새롭게 활용한 셈이죠."

그랬던가. 좀 수상하지만 그럴 수도 있겠다 싶다. 마하트마 간디를 폄하하는 건 아니다. 도리어 오래된 사상을 재발견하고 시대에 맞춰 각색했기 때문에 그는 훌륭한 인문학자이다. 맥박이 희미해져가는 비폭력의 사상을 정정享享하게 소생시킨 것이나 다름없다. 이처럼 간디의 비폭력주의는 시대의 요구에 따른 것이었고 『기타』

에서 실제로 비폭력을 찾아내기가 쉽지 않음에도 『기타』는 비폭력을 '확실하게' 가르치는 경전으로 자리매김하고 말았다.

이러한 사정에도 혹 비폭력을 유일하게 『기타』의 진정한 가르침으로 여겨야 한다고 생각할 수 있지만, 반대로 『기타』가 폭력을 옹호한다고도 강하게 주장할 수 있다. 『기타』에서 폭력을 발견할 수 있는 이유는 크게 두 가지다. 하나는 『기타』의 내용이, 다른 또 하나는 『기타』에 깔린 사상이 각각 폭력을 옹호하기 때문이다.

먼저 『기타』를 둘러싼 이야기는 누가 뭐래도 전쟁이나 폭력을 뺀다면 빈껍데기에 불과하다. 비폭력의 진리? 그런 것이 있다면 그 진리를 미리 결론으로 설정해두고서 『기타』를 억지로 꿰맞추듯이 해석한 것에 지나지 않는다. 폭력과 관련된 사실들이 지천으로 깔려 있는 이상 『기타』에서 폭력성을 지우기란 셰익스피어를 빼고 영국 문학을 서술하는 것만큼이나 어렵다.

『마하바라타』가 대체 무슨 이야기인가. 사촌끼리 왕권 다툼을 벌이다가 동족상잔의 비극으로 끝나는 전쟁 서사시다. 작디작은 이야기의 모든 지류支流가 모이고 모여서 마지막에 대하大河를 이루는데 그 대하가 바로 18일 전쟁이다. 그래서 이야기를 따라가다 보면 폭력은 숨을 쉬듯이 자연스러운 전개이고 전쟁은 가슴 두근거리는 결말이다. 무사들을 주인공으로 내세운 이야기에서 폭력과 전쟁은 너무나 익숙해서 마치 중독된 줄도 모른 채 중독되는 수준이다.

또한 『기타』가 그 첫날을 배경으로 삼고 있는 18일 전쟁에서 크리슈나는 얼마나 폭력적이었는가. 그는 마치 제갈공명인 양 반드시 승리하기 위해 온갖 지략을 동원했다. 상대측도 승리에 목을 매는 것은 마찬가지였지만 최고신인 크리슈나가 승리하기 위해 비열한 속임수를 쓴 것은 매우 의아스럽다. 진리나 정의 같은 것은 쓰레기통에 버려졌다. 오로지 전쟁에서 이기려고 하는 무자비한 욕망만이 18일 전쟁을 채우고 있을 뿐이었다.

그리고 『기타』에서 크리슈나는 또 어떻게 했는가. 그가 아르주나에게 싸우라고 설득한 이유는 단지 18일 전쟁에서 승리하는 데 아르주나가 결정적 변수였기 때문이다. 아르주나가 승리의 중요한 수단이었기 때문이다.

"아르주나여, 단지 수단이 되어 주시오. 드로나Droṇa, 비슈마Bhīṣma, 자야드라타Jayadratha, 카르나Karṇa도, 마찬가지로 다른 전쟁 영웅들도 이미 내가 죽였으니 그대는 죽이시오. 주저하지 마시오. 싸우시오. 그대는 전투에서 적들을 이길 것이라오." (11.33~11.34)

위대한 신이 이미 미래의 운명까지 결정해놓았단다. 그러니 아르주나는 신이 예정한 미래가 실현되도록 신의 도구가 된 채로 싸워야 한단다. 이건 신의 솔직한 고백이다. 『기타』에서 최고신은 인간에게 운명적인 것은 거부할 수가 없으니 무자비하게 싸워서 죽이고 죽여서 이기라고 말하는 것이다.

그다음 크리슈나는 보편적인 윤리보다 계급의 윤리가 우선시된다고 가르치므로 비폭력이 아닌 폭력을 조장한다. 무슨 말일까? 이는 『기타』와 폭력의 연관성을 아는 데 매우 중요하다. 그리고 『기타』 전체를 이해하는 데도 결정적으로 중요하다.

무엇보다도 『기타』를 읽을 때 매우 궁금한 것이 하나 있다. 아르주나는 적군으로 늘어선 친족들을 죽일 수 없다고 버티는데 크리슈나는 바보 같은 생각 하지 말고 나가서 죽이라고 반응한다. 여기서 궁금한 것은 다음과 같다. '사람을 죽이는 것 때문에 괴로워하고 있는 아르주나에게 왜 크리슈나는 사람을 죽이라고 조언하는 것일까?'

아르주나 "아! 왕권의 행복에 대한 탐욕 때문에 친족을 죽이려고 애쓰는 이 엄청난 죄악을 저지르려고 우리가 마음먹었다니!" (1.45) (…) 크리슈나여, 제가 어떻게 공경할 만한 비슈마, 드로나와 전투에서 화살로써 싸우고 말겠습니까. 크리슈나여, 존귀한 스승들을 죽이지 않은 채 차라리 이 세상에서 구걸로 누리는 것이 낫기 때문입니다. 그러나 부귀를 욕망하는 스승들을 바로 여기에서 죽이고서는 피가 스며든 향락을 누릴 것입니다."(2.4~2.5) 크리슈나 "자신의 의무를 생각한다면 그대는 동요하지 말아야 하오. 왜냐하면 무사에게는 의무에 속하는 전쟁보다 더 나은 것이 없기 때문이라오. 아르주나여, 우연히 주어지고 천국의 문을 열어주는 이와 같은 전쟁을 얻은 무사들은 행복하다오. 그러나 만약 그대가 의무에 속하는 이 전투를 행하지 않을 것이라면 그로부터 자신의 의무와 명예를 저버린 채 그대는 죄악을 얻고 말 것이오."
(2.31~2.33)

아르주나는 울부짖는다. 스승을 포함하여 친족을 죽이는 것은 죄악이라고!(그들을 죽이느니 차라리 거지가 되는 게 낫다.) 크리슈나는 대답한다. 전쟁에서 사람을 죽이지 않는 것이 오히려 무사에게 죄악이라고!(무사에게 죽일 수 있는 기회가 온 것은 천국행 티켓이 공짜로 주어진 것이나 다름없다.) 둘 다 죄악을 끄집어낸다. 한 측은 살인을 하는 것이 죄악이라고 하고 다른 측은 살인을 하지 않는 것이 죄악이라고 한다.

그런데 『기타』의 끝부분에 가서 아르주나가 설득을 당하므로 아르주나의 생각이 틀린 것이다.(신의 생각이 틀릴 리가 없지 않겠는가.)

정리하자면 아르주나는 '살인을 하는 것은 죄악이다'라는 생각을 갖고 있다(이는 살인해서는 안 된다는 뜻이다). 그리고 크리슈나는 '살인을 하지 않는 것은 죄악이다'라는 생각을 갖고 있다(이는 살인해야만 한다는 뜻이다). 그렇다면 『기타』에서는 왜 살인해야만 한다고 가르치는 것일까? 무엇이 크리슈나가 아르주나에게 살인해야만 한다고 끊임없이 조언하도록 만들었을까?

만약 『마누법전』의 저자인 마누※가 이 문제를 대면한다면 다음과 같은 판단을 내려줄 것이다.

마누 제가 세상의 이치를 논하는 판관으로서 한마디 하겠습니다. 결론부터 말하면 크리슈나 신은 살인하라고 조언한 게 아닙니다. 보편적인 윤리와 계급의 윤리가 부딪칠 때 계급의 윤리를 따라야만 한다고 말한 것뿐입니다. 살인해서는 안 된다는 것은 모든 사람이 반드시 지켜야 하는 보편적인 윤리입니다. 반면에 살인해야만 한다는 것은 무사 계급이 반드시 지켜야 하는 계급의 윤리입니다. 인도에서는 이 두 개의 윤리가 서로 부딪칠 때 계급의 윤리가 우선한다고 규정하고 있습니다. 따라서 아르주나는 무조건 계급의 윤리를 먼저 고려해야만 합니다. 그가 무사 계급인 만큼 전쟁에서는 반드시 살인을 해야 합니다. 크리슈나 신의 의도는 바로 이것이었습니다.

『기타』에 나타나는 고민은 이것이다. '사람을 죽이는 것은 죄악이다. 따라서 전쟁에서 사람을 죽여서는 안 된다. 그런데 아르주나는

---

※ 마누는 인도 신화에서 인류의 조상이자 이 세계를 다스린 첫 번째 브라흐만 왕이다. 그가 여러 현자에게 모든 사회적 계급이 지켜야 하는 법도를 제시한 것이 바로 『마누법전』이다.

무사가 아닌가. 무사는 반드시 전쟁에서 사람을 죽여야만 한다. 무사가 사람을 죽이지 않는 것은 죄악이다. 이걸 어떻게 해결하지?'

크리슈나는 이 고민에 대해 주저없이 확실한 해결책을 내놓는다. 아르주나는 '인간'이기 이전에 '무사'라는 것이다. 그러므로 인간으로서 사람을 죽여서는 안 되는 것보다 무사로서 사람을 죽여야만 하는 것을 더 우선한다. 고민은 끝났다. 아르주나는 무사로서 싸워야만 하고 사람을 죽여야만 한다.

인도에서는 의무의 우선순위가 있다. 모든 사람이 지켜야 하는 의무를 공통적인 의무 또는 보편적인 윤리라고 한다. 자신이 속한 계급의 사람들이 지켜야 하는 의무를 특수한 의무 또는 계급의 윤리라고 한다. 이 두 개의 의무 또는 윤리가 부딪칠 때 특수한 의무 또는 계급의 윤리가 우선한다.

다른 예시를 보면 좀더 쉬울 것이다. '어떤 생명체든 함부로 죽여서는 안 된다'라는 것이 아힘사요, 불살생이요, 비폭력이다. 그러면 어부는 어떻게 해야 할까? 어부는 물고기를 죽여야만 자기 생계를 꾸릴 수 있고 다른 사람들에게 양식을 제공할 수 있다. 하지만 어떤 생명체도 죽여서는 안 된다고 한다.

답은 나왔다. 어부는 물고기를 죽여도 괜찮다. 그는 어부라는 계급에 속해 있기 때문에 어떤 생명체도 죽여서는 안 된다는 일반 원칙에서 예외의 경우인 것이다. (단 요가 수행자는 절대적으로 불살생을 지켜야 한다. 그 어떤 예외도 없다.) 아르주나도 마찬가지다. 그는 전쟁터에서 사람을 죽여도 괜찮다. 그는 무사라는 계급에 속하기 때문에 사람을 죽여서는 안 된다는 일반 원칙에서 벗어날 수 있다.

만약 이러하다면 크리슈나의 가르침에는 비폭력의 요소와 폭력의 요소 가운데 어느 것이 더 많을까? 적어도 전쟁터에서 무사가 사람을 죽여야만 한다는 가르침은 비폭력과 무관하다. 아무리 예외를 말한다고 해도 사람을 죽여야 한다고 직접 말하는 그런 가르침에서 어찌 비폭력의 사상을 엿볼 수 있겠는가.

그렇지만 폭력을 가르친다고 말하는 것도 약간 애매하다. 전쟁터에서 군인이 총을 쏘고 사람을 죽이는 것에 대해 폭력인지 폭력이 아닌지 여러 말이 오갈 수 있다. 어떤 사람은 나라를 수호하는 일에 사람을 죽이는 것이 무슨 대수냐고 말할 것이다. 반대로 여호와의 증인 신자들은 총을 잡는 것 자체를 폭력이라고 규정하기도 한다.

어쩌면 담담하게 결론을 내리는 것이 가능할지도 모른다. 크리슈나의 가르침에서는 사람을 죽여서는 안 된다는 원칙보다 특별한 직업(카스트)인 경우에 죽여도 된다는 예외가 앞선다. 즉 '비폭력'이라는 원칙보다 '특별한 직업상의 폭력'이라는 예외가 앞서는 것이다. 이처럼 원칙보다 더 강한 힘을 가진 것이 예외라면 수많은 직업 중에서 다양한 폭력적 요소들이 거리낌 없이 양산되고 허용될 가능성이 커진다. 따라서『기타』에서 폭력을 옹호한다고 주장하는 것도 매우 일리가 있는 셈이다.

## 『기타』에 숨겨진 폭력의 의미

문제의 이면을 보는 것에 익숙한 사람은 이런 문제제기를 할지 모른다.

"『기타』의 가르침이 비폭력이냐 폭력이냐 하는 논란이 왜 나오는 지 모르겠군요. 크리슈나가 왜 싸우라고 하는지 그 가르침의 밑 바닥에 깔린 논리가 안 보이나요? 조금만 신경 쓰면 그게 보일 텐 데 말이에요."

글쎄, 어쩌면 『기타』의 가르침을 비폭력이나 폭력과 연관짓는 게 어리석은 일일 수도 있다. 비폭력도 그 이면을 들춰보면 폭력을 숨 기고 있고 폭력도 고차원적인 시각에서 보면 비폭력일 수 있다. 그 러니 양측 모두 이야기의 내용은 비슷하면서 각자의 최종 주장만 다를지도 모른다. 자칫 서로 같은 곳을 바라보면서도 각자 다른 곳 을 본다고 다투는 꼴일 수 있는 것이다.

무엇보다도 이런 상황에서 크리슈나가 왜 싸우라고 하고 왜 폭 력을 쓰라고 하는지 그 이유를 정확하게 내세울 필요가 있다. 싸우 라고 한 이유는 자신의 의무를 충실히 따르는 것이 바람직하다는 데 있다.

이 대답이야말로 『기타』의 가장 단순명쾌한 가르침 중에 하나라고 많은 사람이 동의할 가능성이 높다. 그렇지만 여기서 멈춰선 안된다. 크리슈나가 왜 그렇게 대답하는지 따져 물어야 한다. "크리슈나는 왜 자신의 의무에 충실하라고 권유할까?" 라즈니쉬가 이미 그 이유를 현명하게 제시하지 않았는가. 자신의 의무에 충실해야 한다는 건 자신의 본성에 충실해야 한다는 것이라고. 인간은 각자가 자신의 본성을 제대로 모르기 때문에 고통을 만들고 말썽을 일으킨다. 본성을 제대로 알기만 하면 무엇을 해야만 하고 무엇을 하지 말아야 하는지 확실하게 판단할 수 있다. 그렇다. 결론은 자기 자신이 누구인지 똑바로 보라는 것이다. 이런 이유에서 크리슈나는 자신의 의무에 충실하라고 권유한 것이다.

크리슈나 "무가치한 자신의 의무가 잘 실행된 타인의 의무보다 낫다오. 자신의 본성에 따라 정해진 행위를 하는 것으로써 죄과를 얻지 않는다오. 아르주나여, 결함이 있을지라도 타고난 행위를 버리지 말아야 하오. 왜냐하면 불이 연기로 뒤덮여 있듯이 모든 일은 결함으로 뒤덮여 있기 때문이라오."(18.47~18.48)

크리슈나가 말하기를 자신의 의무란 자신의 본성에 따라 정해진 행위이다. 곧 카스트의 의무는 타고난 바에 따라 결정된 행위라는 것이다. 크리슈나는 "아르주나여, 브라흐만Brahman⑤, 크샤트리야Kṣatriya, 바이샤Vaiśya, 슈드라śūdra의 행위(의무)는 본성으로부터 타고난 요소들에 따라 구분되었다오"(18.41)라고 말하기도 한다.

이렇듯이 싸우기 좋아하는 본성을 가진 사람에게는 싸움이나 전투라는 의무가 주어진다. 그런 사람이 고행자나 승려처럼 자비심을 가진 채 불살생을 실천하려고 하면 고통을 만들고 말썽을 일으키게 된다. 그러므로 라즈니쉬의 해석은 탁월하다.

하지만 자신의 본성에 따라 자신의 의무를 다하라는 말은 다른 각도에서 보면 매우 무서운 말이다. 왕으로 태어난 자는 왕의 의무를 다하고 노예로 태어난 자는 노예의 의무를 다하라는 말처럼 들린다. 모든 사람은 각자 타고난 대로 남의 것을 탐하지 말고 자기 분수를 지키면서 살아야 한다는 말처럼 들리는 것이다.(이런 점에서 비폭력주의를 주장하는 마하트마 간디가 철저하게 카스트 제도를 지키려고 노력한 것이 이해가 된다. 폭력 때문에 전통적인 카스트의 구분이 와해되어서는 안 된다고 주장하는 셈인 것이다.)

만약 이렇게 들리지 않는다면 '크리슈나는 왜 자신의 의무에 충실하라고 권유할까?'라는 물음의 구체적인 의미를 『기타』에서 찾아보아야 한다. 그는 왜 그랬을까?

---

㉚ '브라흐만'이라는 말은 사제 계급에 속하는 사람을 가리키기도 하고 세계의 배후에 놓인 최고의 실재를 가리키기도 한다. 따라서 사람을 가리키는 것인지 철학적 원리나 참다운 나를 가리키는 것인지 맥락에 따라 알아차려야 한다.

아르주나 "가문을 파괴한 자들은 카스트의 혼잡함을 유발하는 이러한 죄악들로써 영원한 카스트의 법도와 가문의 법도를 무너뜨립니다. 크리슈나여, 가문의 법도를 무너뜨린 사람들은 반드시 지옥에서 살게 된다고 우리는 들었습니다."(1.43~1.44)

아르주나는 무기를 내던지며 싸우지 않겠다고 다짐하기 바로 직전에 이 말을 했다. 친족들을 죽이면 어떤 결과가 생기는지 줄줄이 망상한 끝에 스스로 도달한 결론이다.

간단하다. 아르주나가 염려하는 점은 전쟁의 결과로 말미암아 카스트의 법도와 가문의 법도가 무너지는 것이다. 그런데 좀 억지스럽다. 무엇 때문에? 저 집안에 가문의 법도가 무너진 지는 오래되었다. 사촌끼리 원수가 되었고 친족들이 이편저편으로 뿔뿔이 흩어졌으니 말이다. 게다가 카스트의 법도를 왜 걱정하는지 이상하기만 하다. 아르주나는 '남자들이 전쟁에서 다 죽으면 집안의 여자들이 타락해서 다른 카스트 남자의 아이를 낳을 것이고 그러면 카스트의 법도가 무너진다'고 걱정한다. 하지만 생명이 왔다 갔다 하는 전쟁터에서 어떻게 저런 기우杞憂를 안고 있는지 이해하기 힘들다.

이처럼 아르주나는 지나치게 염려하고 있다. 타락이 극에 다다른 전쟁을 앞두고 타락한 세상 전체에 대해 한탄하고 있는 듯하다. 그러면서 타락하지 않은 무언가가 이 세상에 남아 있기를 간절히

바라는 듯하다. '한때 우리가 그토록 평화롭게 살던 아름다운 세상은 이제 돌이킬 수 없을 정도로 추악하게 변해가는구나!' 이럴 때 어떻게 말해주어야 할까? 크리슈나는 매우 현명하다. '무너져가는 것을 막을 길은 없다네. 하지만 최소한 그것을 늦출 수는 있지 않겠나. 그대 자신부터 자신의 의무를 행하는 게 최선의 길이라네.' 바로 이것이 크리슈나가 아르주나에게 자신의 카스트 의무에 충실하라고 말한 이유이다. 그의 설교에서 전반부(2장과 3장)와 후반부(18장) 두 차례에 걸쳐 크리슈나는 자신의 카스트 의무에 최선을 다하라고 아르주나에게 권유한 것이다.

각자 자신의 자리에서 자기 의무를 다하는 것. 비록 전쟁처럼 세상이 혼란스러운 상황일지라도 거기에 동요되지 말고 자리를 지키면서 끝까지 자신의 책임을 다하는 것. 남의 자리를 절대로 탐하지 않는 것. 이것을 『기타』의 '(카스트) 자리 잘 지키기 게임'으로 명명할 수 있을 것이다.

크리슈나는 심지어 세상의 모든 일에 결함이 있다고 하면서 넌지시 체념할 것을 요구한다. "왜냐하면 불이 연기로 뒤덮여 있듯이 모든 일은 결함으로 뒤덮여 있기 때문이라오"(18.48)라는 말은 눈 감고 입 다문 채로 세상사를 체념하라는 것에 지나지 않는다. '세상에 완벽한 게 어디 있어? 문제가 있더라도 그냥 그러려니 해야지'와 같은 태도이기 때문이다. 따라서 자리 잘 지키기 게임이란 세상이 아무리 부조리하더라도 모른 체하며 자기 일을 열심히 해야 한다는 규칙을 은근히 강요하는 것이다.

그래서 한껏 상상해볼 수 있다. 아르주나와 크리슈나를 대신하여 다른 목소리를. 만약 급변하는 조선말기에 두 명의 늙은 양반이 대화를 나눈다면 어떤 이야기가 나올까?

"요즘 정말 말세죠, 말세! 양반 상놈 할 것 없이 법도를 지키는 사람이 거의 없어요."

"그렇긴 하죠. 안타까운 일이에요."

"우리가 어릴 적만 해도 참 대단했지요. 마치 세상이 네모난 듯 반듯했잖아요. 이제는 모두 앞장서서 서로 법도를 어기려고 애쓰는 것 같더군요."

"맞아요. 그때가 좋은 시절이었죠. 하지만 어쨌거나 아직 법도를 잘 지키려고 애쓰는 사람들도 많던걸요."

"그러면 뭐해요. 미꾸라지 한 마리만 있어도 물을 흐리는데 미꾸라지가 바글바글하니 이젠 조그마한 희망조차 없는 것 같아요."

"그렇게 생각하진 마세요. 어려운 때일수록 각자가 자기 자리를 굳건히 지키는 게 필요하죠. 또 아무리 말세라지만 우리가 힘을 써서 더 이상 타락하는 걸 막아봐야죠."

이 두 명이 조선 사람들이 아니라 고대 인도의 사람들이어도 좋다. 『기타』의 긴 대화에 숨어 있는 의도를 뽑아서 짧게 재구성하면 바로 이 두 명의 대화와 비슷하지 않겠는가.

정리하자면 모든 고전이 그러하듯이 『기타』도 그 시절의 어떤 욕망을 반영하고 있다. 특히 『기타』는 고대 인도를 좌지우지하던 기득권 세력의 욕망을 적나라하게 노출한다. 사회가 위태로우면 자신들의 권력도 위태로울 것이므로 그들은 세상의 질서가 굳건하게 유지되어야 한다는 것을 『기타』를 통해 은근히 종용하고 있다. 그 방법으로 제시된 것이 곧 자리 잘 지키기 게임이다. 이 경우에 18일 전쟁은 얼마나 좋은 설정인가. 전쟁이 벌어지고 있는 상황은 자신이 살고 있는 사회가 불안하다는 것을 떠올리게 한다. 불안감을 느낄수록 사람들은 권력자의 말을 더 잘 들을 가능성이 높다. 게다가 이 전쟁에서 두 영웅인 아르주나와 크리슈나가 한 마차를 타는 것도 얼마나 좋은 기회인가. 사람들은 가벼운 흥분과 함께 두 청정 淸淨한 영혼의 이야기를 아무런 거부감 없이 흡수하려고 한다. 그들이 나누는 이야기가 사실은 세상의 질서에 순응하면서 살라는 음흉한 의도를 감추고 있음에도.

그리하여 『기타』에 숨겨져 있는 가장 큰 폭력은 기득권 수구 세력이 법도가 잘 지켜지는 자기들만의 유토피아를 당대를 사는 모든 사람에게 암묵적으로 강요하는 것이다. 과거에 이 세상은 얼마나 완벽했던가. 그 세상은 법도가 완벽하게 지켜지던 유토피아였다. 법도를 동물이 가진 네 개의 다리에 비유한다면 과거 유토피아 시절은 네 개의 다리 모두가 성하여 균형을 이루던 세상이었다.

그러다가 다리를 한 개씩 잃기 시작하면서 세 개의 다리가 남고 두 개의 다리가 남고 마침내 한 개의 다리만이 남은 세상을 살게 되었다.(한 개의 다리를 가진 동물의 삶이란 살아도 사는 것이 아닐 터이다.) 현재는 바로 법도가 반의 반씩이나 상실된 타락한 세상인 것이다. 그래서 비슈누의 화신인 크리슈나는 이 세상으로 왔다. 그리고 『기타』를 설법說法하였다.

"아르주나여, 법도가 쇠퇴하고 있고 법도가 아닌 것이 늘어날 때마다 나는 스스로를 내보낸다오. 선한 자들을 보호하고 악한 자들을 전멸하기 위해서 또 법도를 확립하기 위해서 나는 매 주기 태어난다오."(4.7~4.8)

크리슈나가 이 세상으로 온 까닭은 잃어버린 법도의 유토피아를 회복하기 위해서다. 하지만 신조차도 한번 무너지기 시작한 것을 되돌릴 수 없다.(이는 나중에 운명에 대한 이야기에서 밝힐 것이다.) 그러니 남은 불씨나마 최대한 살리는 심정으로 남은 법도를 최대한 확립하기 위해 온 것이다.

"무가치한 자신의 의무가 잘 실행된 타인의 의무보다 낫다오" (18.47)라는 말은 '남의 자리를 탐하지 말고 열심히 자기 자리를 지키는 것이야말로 무너진 법도를 최대한으로 다시 세우는 지름길이라네'라는 뜻이다. 결국 힘있는 자의 말을 잘 듣고 운명이려니 하고 체념하면서 혁명 같은 것은 꿈꾸지도 말고 자기 자리를 꿋꿋하게 지키면서 살다가 죽으라는 말이다.(이처럼 『기타』는 한편으로 인간의 영혼이 자유로울 수 있음을 노래한다고 하지만 다른 한편으론 인간의 삶을 처절하고 철저하게 구속한다.)

이 자리 잘 지키기 게임이 잘 통하려면? 과거가 얼마나 태평성대였는지 계속해서 알려준다. 과거의 유토피아가 부서진 지금 그 조각 하나만이라도 꼭 간직하고 있으면 행복할 수 있지 않겠느냐고 계속해서 회유한다. 이 세상을 살고 있는 인간 모두가 이 타락에 책임이 있다고 계속해서 되뇐다. 그러니 현재의 세상만이라도 완벽한 질서를 이루도록 모두 힘을 합쳐 봉사해야 한다고 계속해서 가르친다.

미래나 과거의 유토피아는 현재의 삶에서 현재를 훔쳐가버린다. 그래서 흔히 광신도들에게 보이는 것처럼 미래나 과거에 모든 것을 바치면 현재를 살지 못하는 그 영혼은 죽음을 저당 잡힌 꼴이 된다.

크리슈나가 '지금 여기'를 살라고 말했다고? (후대에 만들어진 크리슈나의 일대기를 좇으면) 상당 부분 맞는 말이다. 그런데 『기타』에서만큼은 석연찮다. 지금 여기보다는 과거에 사로잡혀 있다. 온전한 법도가 세워져 있던 과거의 유토피아를 조금이라도 다시 맛보기 위해 지금 여기를 살라고 한다. 아르주나에게 하던 것처럼 자신의 본성이나 의무를 지금 여기에서 당장 실행하라고 한다.

하지만 기존의 질서와 권력의 유지라는 오직 다른 목적을 이루기 위해 지금 여기를 살라고 하는 것은 진정한 의미가 담긴 지금 여기를 사는 것과 무관하다. 지금 여기를 사는 것은 오로지 그 자체가 목적이기 때문이다.

그러니 『기타』에서 진정한 의미의 지금 여기란 없다. 그것은 폭력적인 방식으로 강요되는 유토피아 때문에 애석하게도 실종되고 만다.

# 제4장

# 『기타』의
# 세 가지 요가는 좋은 행위를
# 목적으로 한다

크리슈나가 말한다.

"행위의 결과에 대한 집착을 버리고서

언제나 만족하며

다른 것에 의지하지 않는 사람은

행위에 관여할지라도 결코 그 어떤 것도 행하지 않는다오.

바라는 것 없고

심신을 절제하며

모든 소유를 버리고

순전히 육체적인 행위만을 행하는 자는

죄과를 얻지 않는다오."

(4.20~4.21)

## 『기타』의 세 가지 요가: 지혜, 행위, 사랑

요가를 배우는 데 『기타』를 알 필요는 전혀 없다. 요가의 이론을 배우는 경우에도 『기타』를 알 필요는 거의 없다. 그런데 조금 과격할지도 모를 이 발언에 누군가 반론을 제기할 수 있다.

"어, 이상한 말을 하는군요. 『기타』의 중심 사상이라면 누구나 세 가지 요가라고 답할 텐데요. 마치 수학공식처럼 『기타』는 세 가지 요가를 가르친다고 모두 알고 있잖아요."

인정할 수 있다. 왜냐하면 요가 사상의 전개에서 『기타』의 중요성은 아무리 강조해도 지나치지 않기 때문이다. 그러나 그 세 가지

요가는 사람들이 요가원에서 배우는 요가와 유사하지만 다른 것이다.('요가'라는 말의 뜻은 꽤 여러 가지다.)

『기타』에서 요가란 정신을 수련하여 보다 더 잘 살기 위해 적극적으로 개입하는 삶의 길을 가리킨다. 그리하여『기타』는 요가원의 요가를 이해하는 데 유용하다기보다 인도를 이해하는 데 유용하다. 인도인이 따르는 가장 전형적인 세 가지 좋은 삶의 방식을 보여주기 때문이다. 더 잘 살기 위한 세 가지 길을 뜻하는 그 세 가지 요가는 주로 지혜(지식)의 요가, 행위의 요가, 사랑(신애, 헌신)의 요가로 불린다.

이런 큰 틀 아래 이 세상에 세 유형의 인간이 존재한다고 생각해볼 수 있다. 첫째 유형은 앎을 좋아하고 둘째 유형은 행동을 좋아하고 셋째 유형은 감정을 좋아한다. 첫째는 머리로 살고 둘째는 팔과 다리로 살며 셋째는 심장으로 산다. 이 세 유형이 각각 차례대로 지혜, 행위, 사랑의 요가와 관계를 맺는 것이다.

물론『기타』에서 이렇게 세 가지 요가를 깔끔하게 정리해서 알려주지는 않는다. 후세의 사람들이『기타』에 관한 무수한 해설서를 참고로 하여『기타』가 삶의 세 가지 길을 가르친다고 평가했을 뿐이다.

그렇다면 왜『기타』의 크리슈나는 세 가지 요가를 가르칠까? 이유는 꽤 분명하다. 전쟁에서 싸우지 않으려는 아르주나의 마음을 돌리기 위해서다. 그의 마음을 돌리기 위해 크리슈나가 온갖 정성

온 만물을 관장하는 신 브라흐마가 힌두교의 모든 종교적·문화적 원리를 담은 경전
『베다』를 손에 들고 있는 모습

하나의 우주가 끝나갈 때 뜨리를 틀고 있는 시샤 뱀 위에 잠들어 있는 비슈누 신

푸른 피부에 보석으로 장식된 왕관을 쓰고 있는 비슈누

청동으로 만들어진 이들 신 가운데 신이 무질서로 이끄는 기운과 본능을 물리치고
우주를 지탱하는 비슈누이다.

따리를 튼 세샤 뱀 위에 누워 있는 비슈누 신. 이것이 지나면 세상은 완전히 소멸한다.

Koúrmávatáram

s. कूर्म्मावतारं

『프랑스령 인도』에 실린 거북이 모습의 비슈누

삼위일체로 묘사된 브라흐마와 양옆의 비슈누 그리고 시바

인도인들은 온갖 신을 섬겼는데, 이 신상은 물질적인 성공과 풍족한 생활, 번영과 평화를 담당하는 가네샤 신을 형상화한 것이다.

비슈누의 여덟 번째 화신인 크리슈나

크리슈나 신이 춤을 추는 모습

『하리밤사』에 실린 드바르카의 황금도시에서 왕위에 오른 크리슈나의 모습

크리슈나와 소 치는 소녀들

소를 치는 소녀들과 장난치는 크리슈나의 모습

비슈누의 화신 크리슈나를 숭배하는 라지푸트 왕의 모습. 크리슈나는 연꽃을 들고 묵주를 목에 건 모습이다.

크리슈나와 고피(소들의 파수꾼)가 찬양하고 있는 모습

비슈누 신에게 바쳐진 사원으로, 현존하는 힌두교 사원 가운데 가장 이른 시기의 것인
데오가르 사원

신전의 한 장면

한두교의 자가나타 사원이 양식화된 형태로, 신자들이 춤을 추며 숭배하고 있다.

인도의 2대 서사시라 할 수 있는 『라마야나』에 묘사된 이야기 장면을 표현한 것

라마가 자신의 아내 시타를 납치해간 라바나와 전투를 벌이고 있는 장면

『마하바라타』에 나오는 장면으로, 카우라바 무리와 판다바 무리 간의
싸움에 참여한 크리슈나와 아르주나의 모습

붓다의 세속에서의 생활 장면.
붓다는 힌두교도들에게 비슈누의 아홉 번째 아바타였다.

보관을 쓴 불상

힌두교의 죽음의 신 신제가 수레바퀴를 들고 있는 모습으로, 삶의 윤회를 상징한다.

카트만두의 윤회. 선한 업을 쌓는 자는 윤회와 존재에서 벗어나 조금의 집착도 없는 상태에 도달하게 된다.

『라마야나』의 한 장면으로 하누만 위에서 라바나와 싸우고 있는 라마의 모습

을 다하여 세상살이의 여러 이치와 방법을 설명하는 와중에 세 가지 요가라는 것이 그 핵심으로 드러난다.

그래서 이제부터 세 가지 요가를 따르는 세 명의 수행자의 목소리를 직접 들어보고 아르주나가 그 각각의 요가를 통해 실제로 마음을 돌리는지도 직접 들어보기로 한다.(지혜의 요가, 행위의 요가, 사랑의 요가 순이다.)

지혜의 요가 이 요가는 말이죠. 대부분의 지식인들이 따르는 좋은 삶의 길이에요. 일단 지혜의 요가는 이 세상에서 우리가 겪는 모든 문제는 우리의 무지에서 비롯된다고 보지요. 이 무지를 없애기 위해서 지혜의 길을 내세우는 거예요. 그래서 무지는 어둠이고 지혜는 빛이죠. 지혜의 밝은 빛으로 무지의 어둠을 없애는 것이 삶에서 가장 중요하다고 보는 거지요.

그렇다면 지혜란 뭘까요? 과학적이고 합리적인 지식을 가리키는 게 아니에요. 이 세상에서 영원한 것과 영원하지 않은 것을 구별해서 아는 힘을 가리키지요. 무엇이 영원하고 무엇이 영원하지 않을까요? 크리슈나는 이렇게 말해요.

"존재하지 않는 것은 존재가 아니고 존재하는 것은 비존재가 아니라오. 진리를 보는 자들은 실로 이 둘 사이의 경계를 안다오. 결국 이 모든 것에 편재遍在하는 경계는 소멸되지 않음을 알도록 하오. 이 불변하는 것을 그 누구도 소멸시킬 수는 없다오. 이 유한한 육신들이란 영원하고 불멸하며 불가사의한 영혼의 것이라고 말해진다오. 아르주나여, 그러므로 그대는 싸우시오."(2.16~2.18) 어떤가요? 육신은 영원하지 않은 반면 영혼은 영원한 것이라는 가르침이죠. 물론 크리슈나는 여기서 더 나아가요. 방금 말한 영혼을 '거짓의 나'와 '참다운 나'로 나눠요. 그러고는 거짓의 나는 영원하지 않고 참다운 나만이 영원하다고 말해요. 오직 "태어남, 죽음, 늙음, 괴로움으로부터 벗어나 불멸에 도달"(14.20)한 존재인 참다운 나만이 이 세상에서 영원하다는 사실을 아는 게 지혜의 요가인 셈이죠.

아르주나 그렇습니다. 크리슈나께서는 참다운 나에 대해 "칼로도 그를 베지 못하고 불로도 그를 태우지 못하며 물로도 그를 적시지 못하고 바람으로도 그를 말리지 못한다오"(2.23)라고 말씀하셨습니다. 그러니 제가 친족들의 육신을 죽인다고 한들 결코 그들의 참다운 영혼을 죽이지는 못합니다. 이것을 제가 안다면 마땅히 무기를 들고 적을 향해 돌진해야 하지 않겠습니까?

행위의 요가 사람은 어차피 행위를 하면서 살 수밖에 없잖아요. 그러면 모든 행위가 다 요가일까요? 그건 아니에요. 크리슈나는 행위를 탁월하게 잘하는 것이 행위의 요가라고 말해요. 그래도 행위의 요가는 쉬워 보인다고요? 천만에요. 크리슈나의 말을 들어보면 "행위에 대해서도 깨달아야만 하고 그릇된 행위에 대해서도 깨달아야만 하며 행위를 하지 않음에 대해서도 깨달아야만 하기 때문이오. 행위의 길은 심오하다오"(4.17)라고 해요.

행위를 하지 않는 것, 잘못된 행위, 올바른 행위, 이 모든 것을 깨달아야만 하기 때문에 행위의 길이 심오하다고 말하잖아요. 그렇지요? 이 행위의 요가를 한마디로 요약할 수 있어요. 행위의 요가란 행위를 하되 행위의 결과에 신경 쓰지 말고 행위 자체에 몰두하라는 거예요. 말은 쉬워 보여도 정말 어려울 것 같지 않나요? 아르주나 저는 사실 제 친족들을 죽이고 난 이후에 생기는 일들 때문에 싸우는 것을 주저했습니다. 전쟁 이후에 모두 죽고 나면 오로지 나쁜 결과만이 이어질 거라는 생각에 사로잡혀 있었습니다. 그런데 크리슈나께서 왜 결과를 생각하느냐고 꾸짖으셨습니다. 결과를 염두에 두지 말고 현재의 행위에만 집중해야 한다는 것이었습니다. 제가 해야만 하는 행위가 전투 이외에 달리 무엇이 있겠습니까!

사랑의 요가 신을 지극히 믿고 신에 완전히 의지하는 것이 사랑이지요. 신을 사랑하는 데 특별한 자격이 요구되는 건 아니에요. 어찌 보면 이 사랑의 길이 가장 쉬울 수도 있겠지요. 특히 『기타』에서는 크리슈나가 최고신이기 때문에 사랑의 대상이 바로 눈앞에 있는 셈이네요. 크리슈나는 이렇게 단언해요.

"나에게 모든 행위를 바치고서 나를 지고한 자로 여기며 오로지 전념하는 요가로써 나를 명상하면서 숭배하는 자들에게, 나에게 마음이 몰입된 자들에게, 머지않아 나는 죽음과 윤회의 바다로부터 구해주는 구세주가 된다오. 아르주나여, 바로 나에게 마음을 고정하시오. 나에게 생각을 고정하시오. 그 결과로부터 그대는 의심 없이 바로 나에게 머물 것이오."(12.6~12.8)

글쎄요. 자신을 한껏 낮추면서 신에게 철저히 복종해야만 구원을 얻을 수 있다고 하네요. 그래서 모든 행위를 신에게 바치라고 요구하는 거잖아요. 이 말은 곰곰이 생각해보면 엄청난 무게가 있어요. 어떤 행위를 하든지 마치 신의 행위인 양 항상 조심스럽게 하라는 거니까요. 사랑의 요가가 뭔지는 어느 정도 짐작이 되지요?

아르주나 크리슈나께서 최고신인 줄 제가 어찌 짐작이라도 했겠습니까. 또 제가 그분의 존귀한 가르침을 들을 기회를 얻게 된 것도 기적 같습니다. 크리슈나께서 당신에 대해 티끌만큼 의심도 하지 않은 채 당신께 몰입하라고 하셨는데 신의 의도를 따르는 것이야말로 제가 나아가야 할 유일한 길이 아니겠습니까. 싸움 또한 신의 은총일 것입니다.

세 가지 요가란 이런 것이고 이를 통해 크리슈나는 아르주나의 마음을 돌릴 수 있었다. 크리슈나의 설교에서는 지혜의 요가가 가장 먼저 언급되고 이어서 행위의 요가가 언급된다. '지행일치'라는 말처럼 지혜와 행위는 떼려야 뗄 수 없는 관계이다. 그다음에 조금

지나서 사랑의 요가가 언급된다.

이리하여 『기타』의 18장 가운데 2장과 3장을 거치면서 세 가지 요가가 모두 등장한다. 4장부터는 세 가지 요가가 순서와 상관없이 적재적소에 등장한다.

어쨌든 『기타』에서 크리슈나의 모든 설교는 어김없이 이 세 가지 요가로 분류된다. 그런 까닭에 이렇게 말할 수 있다. 세 가지 요가란 『기타』가 피워낸 아름답고 향기로운 세 꽃송이라고. 눈부시면서 수수하고 당차면서 고즈넉한 꽃송이들! 혹 어느 한 꽃송이를 더 좋아할 수도 있겠다. 아마 그 꽃송이가 다른 꽃송이에 비해 눈앞에 좀더 가까이 있기 때문이 아닐까? 사람들은 자신이 서 있는 자리를 긍정하는 편이다. 자신이 서 있는 자리를 중심으로 세상을 재단하고 평가한다.

예를 들어 지식을 업으로 삼는 사람은 틀림없이 지혜의 요가를 가장 좋아할 것이다. 그리고 어느 요가를 더 좋아하느냐에 따라 바로 그 요가가 아르주나의 마음을 결정적으로 돌렸다고 생각할 것이다.

이때쯤, 이런 질문이 있을 법하다.

"이 세 가지 요가를 따로따로 분리할 필요가 있을까요? 세 가지 요가가 서로 얽혀 있다고 생각할 수도 있지 않나요?"

이 질문은 『기타』가 등장한 이래로 지금까지 수도 없이 던져진 것일지도 모른다. 이 질문에 대한 여러 현자의 현답은 다음의 세 가지로 요약 가능하다.

첫째, 세 가지 요가는 각각 독립적이지만 서로 연결되어 있다. 지혜의 요가, 행위의 요가, 사랑의 요가는 각각 분리되어 있지만 동시에 서로가 영향을 주고받는 관계에 있다. 한마디로 땅 위에서는 세 그루의 나무로 보이지만 땅 밑에서는 뿌리끼리 연결되어 있다는 것이다.

예를 들어 지혜의 길을 추구하는 사람의 경우 어느 날 더 이상 새로운 지성의 돌파구가 보이지 않는다면 그 사람의 행위의 길이나 사랑의 길을 슬쩍 밟고 다시 돌아옴으로써 갑자기 생각의 물결이 넘치고 넘친다. 하나의 길을 더 깊이 있게 추구하기 위해서 다른 길들에서 얻은 장점을 잘 참조해야 한다는 것과 같다.

둘째, 어떤 요가를 앞세우더라도 반드시 다른 두 요가가 포함되어 있다. 지혜의 요가, 행위의 요가, 사랑의 요가 가운데서 어느 한 요가를 강조하더라도 자동으로 그 요가에 다른 두 요가가 수반된다고 할 수 있다.(세 쌍둥이 가운데서 하나가 무대에 등장하면 그와 꼭 닮은 나머지 둘도 등장한 것이나 마찬가지겠다.)

예를 들어 천국에 가는 것을 최종 목표로 삼는 사랑의 길을 추구하는 사람이 있다. 바로 이 목표 때문에 그는 사랑의 길을 추구한다고 알려져 있다. 하지만 그가 걷는 사랑의 길은 이미 그 자체로 지혜의 길이기도 하고 행위의 길이기도 하다. 그래서 하나의 길을 걷는다는 것은 목적지를 나타내는 이정표가 하나라는 것일 뿐 한 꺼번에 세 길을 걷는 것과 다를 바 없다.

셋째, 본래 하나의 요가인데 단지 세 가지 요가로 표현되고 있다. 지혜의 요가, 행위의 요가, 사랑의 요가는 애당초 하나의 요가에 불과했는데 그 하나를 보는 관점에 따라 세 가지 요가로 나눠졌을 뿐이다. 마치 동일한 인물이 아들로도 남편으로도 아버지로도 불리는 것과 같다. 어떤 길을 선택하든 상관없이 모든 길은 이름만 다를 뿐 결국 하나의 길이라는 것이다. 모든 길이 마지막에 만난다는 뜻인가? 아니다. 알고 보면 모든 사람이 이미 하나의 같은 길을 가고 있다는 뜻이다.

이러한 세 가지 현답은 『기타』가 만들어냈다. 『기타』는 단지 세 가지 요가만을 제시했지만 세 가지 요가의 관계에 대해 저절로 질문이 생겼고 현답이 생겼다. 그러므로 세 가지 요가의 관계에 대한 모든 생각의 발원지는 당연히 『기타』이다.

그렇다! 광대한 상상력이다. 각각의 사람들이 살아가는 길이 어떤 모습으로 얽히고설켜 있는지 『기타』는 광대한 상상을 불러일으킨다. 그리고 그 상상의 최고 정점에서의 대답은 이것이다. '얽히고설켜 있는 모양새가 어떠하든지 모든 요가가 하나고 모든 길이 하나다.'

## 행위의 요가가 핵심이다

세 가지 요가는 마치 『기타』라는 마차를 끄는 세 마리의 말과 같
다. 그러나 『기타』를 읽다보면 셋 가운데 어느 하나가 더 중요하지
않을까, 그런 생각이 어쩔 수 없이 스며들게 마련이다. 자연스러운
일이다. 실제로 고대 인도에서도 그러했다. 최고의 지혜를 갈구한
자들은 대개 지혜의 요가를, 신을 향해 헌신하기로 마음먹은 자들
은 사랑의 요가를 『기타』에서 가장 중요한 것으로 보았다.

그런데 행위의 요가가 가장 중요하다고 여긴 이들은 거의 없었
다. 인도에서 행위는 거의 예외 없이 매우 보잘것없는 것으로 받아
들여졌기 때문이다. 누구나 다 할 수 있는 것이 행위이지 않는가.
평범하다! 게다가 행위를 하면 인과응보라고 하여 그 뒤처리를 반
드시 감당해야 하지 않는가. 꺼림칙하다! 행위라는 말 뒤에 요가라
는 말이 붙어 있는들 오십보백보이지 않을까? 행위의 요가도 행위
처럼 평범하고 꺼림칙할 것이다.

참으로 기이한 일이다. 아무리 인도에서 행위가 부정적인 것으
로 알려지고 평가절하된다고 하더라도 어찌 『기타』에서 행위의 요
가가 가장 중요하다는 평가가 그리 드물었다는 말인가.

물론 예외도 있다. 인도의 독립운동가 틸락은 행위의 요가를 찬
미했다.(틸락 이후에 간디, 오로빈도 등 『기타』에 관심을 가진 인물들은 거
의 예외 없이 행위의 요가를 배제하지 않았다.)

그에게 왜 행위의 요가를 찬미했느냐고 묻는다면 그는 아마도 다음과 같이 대답할 것이다.

"영국으로부터 독립하기 위해서는 인도의 힘을 한곳으로 모아야 하지요. 무엇을 통해 그 힘을 모을 수 있을까요? 지혜? 모든 사람이 다 자기가 잘났다고 생각하기 때문에 시끄럽게 말싸움만 할 뿐이에요. 실행하는 건 아무것도 없지요. 사랑? 중요하지요. 하지만 우리가 신에게 의지하기만 하면 우리 스스로 무언가를 하려는 의지가 약해지고 말아요. 남은 건 행위뿐이잖아요. 행위는 어떤가요? 독립운동자금으로 동전 하나를 내놓는 것도 행위지요. 독립투쟁가들에게 수고한다는 말 한마디 하는 것도 행위랍니다. 언제 어디서나 누구든지 행위를 할 수는 있잖아요. 이 행위를 잘하기 위한 기술이 바로 행위의 요가지요. 『기타』에서 그렇게 말하고 있어요."

틸락은 전통적으로 『기타』를 해석하는 데 핵심어였던 니브릿티 nivṛtti(행위 억제)를 버리고, 그 대신에 프라브릿티pravṛtti(행위 진작)를 선택한다. 독립운동이라는 행동을 촉구하기 위해서는 전략적으로 불가피한 선택이었을 것이다. (틸락이 행위의 요가를 중요시한다고 해서 곧바로 행동주의가 도출되지 않을 수 있다. 행위의 요가란 행위의 결과를 개의치 않고 행위를 하는 것이므로 무관심과 무심無心과 냉정을 바탕으로 하는 행위이다. 무관심, 무심, 냉정은 오히려 적극적인 행동을 표방하는 행동주의에 해가 될 수 있다.)

과감하게 말해서『기타』에서 가장 중요한 요가는 행위의 요가이다. 두 군데서 그 이유를 들 수 있다. 하나는『기타』의 이야기 전개에서 찾을 수 있고 또 하나는『기타』에서 가르치는 내용에서 찾을 수 있다.

첫째 이유부터 보자.『기타』는 싸우지 않으려는 아르주나에게 크리슈나가 싸우라고 설득하는 이야기이다. 다르게 말하면 행위를 하지 않으려는 아르주나에게 크리슈나가 행위를 하라고 설득하는 이야기이다. 따라서『기타』의 핵심은 행위의 요가이다.

왜 이러한 결론을 내리느냐고 반응할지도 모르겠다. 만약 그렇게 되면 행위를 촉구하는 모든 이야기가 행위의 요가를 가르치는 내용이 아니냐고 반문할 수도 있겠다. 글쎄, 그럴지도 모르겠다.

하지만 크리슈나가 무엇을 가르치는지 자세히 보아야 한다. 그는 단순히 행위를 하라고 촉구하는 것만은 아니다. 그는 무엇이 행위이고 어떻게 행위를 해야 하며 왜 행위를 해야 하는지 가르친다 (이 점은 나중에 더 자세하게 설명할 것이다).『기타』전체가 행위를 잘하기 위한 능숙하고 탁월한 기술을 가르치는 셈이다. 바로 이 가르침이 행위의 요가이다. 지혜와 사랑은? 그저 행위에 보조적인 것일 뿐이다. 하지만 보다 나은 행위를 하기 위해서는 지혜와 사랑이 필수적이다.

그다음 둘째 이유를 보자. 『기타』는 행위를 추종(진작)하는 것도 아니고 행위를 배척(억제)하는 것도 아닌 행위를 추종하면서도 배척하는 새로운 대안을 가르친다. 제1의 길도 아니요 제2의 길도 아닌 제3의 길※을 가르친다는 것이다. 당연하게도 『기타』가 대안으로 제시하는 제3의 길이 행위의 요가이다.

조금 어려운 문제다. 그래서 이렇게 단순하게 말할 수 있다. 제1의 길은 일상에서 마주치는 보통 사람들이 사는 길이다. 제2의 길은 속세를 떠난 승려들처럼 고행을 하는 사람들이 사는 길이다.(불교의 승려들이 걷는 길이라고 해도 좋다.) 그리고 제3의 길은 이 두 가지를 절묘하게 혼합한 길이다.

우선 제1의 길을 걷는 일반인과 제2의 길을 걷는 고행자가 만난다고 상상해보자. 어쩌면 그들은 서로의 장단점을 다음과 같이 노출할지도 모른다.

일반인 사람이 행위를 하지 않고 어떻게 살겠어요. 크리슈나도 "실로 그 누구도 행위를 하지 않고는 결코 한순간조차 있을 수 없다오. (…) 행위를 하지 않으면 그대의 신체를 부양하는 것조차 이루어지지 않을 것이오"(3.5~3.8)라고 말했어요. 행위를 하지 않는

---

※ 제1의 길을 행위karma, 제2의 길을 무행위akarma, 제3의 길을 탈행위niṣkarma라고 각각 부를 수 있다.

다는 건 죽은 것이나 마찬가지죠. 그러니 아무리 속세를 떠나 산
속으로 간들 여전히 행위를 하면서 살고 있을걸요.

고행자 아닙니다. 생존하기 위해 움직이는 건 행위로 봐서는 안
됩니다. 밥 먹는 것을 예로 들겠습니다. 밥을 먹는 건 생존을 위
해서입니다. 그리고 밥을 먹는다고 해서 어떤 결과가 생기는 것도
아닙니다. 단지 몸을 부양할 뿐입니다. 하지만 육식을 하는 것은
똑같이 밥을 먹는 행위임에도 어떤 결과가 생깁니다. 왜냐하면 영
혼이 깃든 생명체를 죽이는 데 동조했기 때문입니다. 인과응보라
고 살생을 하면 그에 따르는 나쁜 결과를 얻고 맙니다.

결국 무엇입니까? 우리 수행자들은 아예 결과를 낳는 행위 자체
를 피하자고 하는 겁니다. 아무래도 속세에 머물면 그런 행위를
할 가능성이 높아집니다. 그래서 우리는 속세를 떠난 곳에 머물
며 결과를 낳는 행위를 멀리하려고 하는 것입니다.

일반인 마치 특권을 가진 듯이 그렇게 말하는군요. 그리고 모든
사람이 죄다 산속으로 들어가버리면 이 사회는 누가 이끌어가나
요. 평범한 사람들이 열심히 자신들의 행위를 함으로써 이 사회
가 유지되는 거잖아요. 그런데 그걸 결과를 낳는 행위라고 매도
하면 안 되죠. 당신들이 수행할 수 있는 것도 다 평범한 사람들이
평범한 행위를 통해 뒷받침해주고 있기 때문 아닌가요?

고행자 네, 맞습니다. 저는 다만 사람이라면 감각적 욕망을 통제
하면서 살아야 된다는 걸 말하고 싶을 뿐입니다. 보통 사람들은

대개 욕망의 노예로 살지 않습니까.

일반인 그건 인정해요. 하지만 당신들은 어때요? 겉으로는 여러 금칙을 지키면서 행위를 통제하지만 마음으로는 감각적 욕망에 얽매여 있지 않나요? 크리슈나도 이걸 지적했지요. "행위기관들을 억제한 채로 마음으로는 감각의 대상들을 불러내고 있는 자를, 미혹된 자아를 가진 위선자라고 부른다오"(3.6)라고요. 그러니 오히려 우리처럼 겉과 속이 같은 채로 사는 게 더 낫지 않을까요?

바로 이것이 고대 인도에서 보통 사람들과 고행을 하는 사람들의 차이점이다. 보통 사람들은 욕망을 가진 채로 행위를 하고 그 행위의 결과에 계속 지배당한다. 고행을 하는 사람들은 욕망을 부정함으로써 행위도 부정하지만 자주 위선적인 모습을 보이고 만다. 보통 사람들이 사는 방식이 제1의 길이고 고행을 하는 사람들이 사는 방식이 제2의 길이다.

크리슈나는 이 두 가지 방식을 다 마음에 들어 하지 않는다. 보통 사람들은 욕망을 절제할 줄 모르기 때문이고 고행을 하는 사람들은 사회에 도움이 되지 않기 때문이다. 다르게 말해 보통 사람들은 욕망에 사로잡힌 행위를 너무 많이 하기 때문이고 고행을 하는 사람들은 행위 자체를 아예 거부하기 때문이다.

크리슈나는 이렇게 말한다.

"그대의 특권은 행위 자체에 있을 뿐 전혀 결과들에 있지 않다오. 행위의 결과를 행위의 수단으로 삼지 마시오. 그대는 행위를 하지 않음에도 집착하지 마시오."(2.47)

이 부분은 『기타』에서 결정적으로 중요하다. 크리슈나는 아르주나에게 두 가지를 제안한다. 하나는 행위의 결과를 행위의 수단으로 삼지 말라는 제안이다. 결과를 생각하면서 행위를 하지 말라는 뜻이다. 이는 제1의 길을 따르지 말라는 것이다. 다른 하나는 행위를 하지 않는 것에 집착하지 말라는 제안이다. 즉 행위 자체를 거부하지 말라는 뜻이다. 이는 제2의 길을 따르지 말라는 것이다.

그렇다면 제3의 길이란? 제1의 길과 제2의 길이 가진 장점을 합쳐 각각의 단점을 극복하는 길이다. 보통 사람들은 행위를 긍정하는 것으로써 사회를 유지하려고 한다. 고행을 하는 사람들은 욕망을 절제함으로써 행위의 결과를 얻지 않는다. 이 두 길을 합하면 서로의 단점이 극복될 수 있다.

그러므로 제3의 길은 행위를 하면서도 행위의 결과를 얻지 않는 길이다. 일상인으로서 이 사회를 유지한 채 살면서 마치 고행자처럼 절제하는 삶의 길이다. 행위의 요가로서 이 제3의 길은 행위를 하면서도 (욕망이 없다는 것으로써) 행위의 결과를 얻지 않는 기술이다. 한마디로 행위의 달인이 되는 것이다.

그런데 이 지점에서 누군가 중요한 지적을 할 수 있겠다.

"『기타』에서 아르주나를 설득하는 데 이 행위의 요가가 큰 역할을 하나요? 이 요가가 실제로 큰 역할을 하지 않는다면 이 요가가 『기타』에서 가장 중요한 요가라고 말할 수는 없지 않겠어요?"

그렇다. 『기타』에서 행위의 요가는 아르주나를 설득하기 위해 크리슈나가 사용하는 가장 강력한 사상적 무기이다.

맨 처음 크리슈나는 고통에 빠져 싸우지 않으려는 아르주나에게 두 가지 가르침을 차례대로 제시한다. 하나는 적군을 죽이는 것이 죄악은 아니라는 가르침이다(제2의 길이다). 또 하나는 무사의 의무를 다해서 행복을 얻으라는 가르침이다(제1의 길이다).

하지만 이 두 가르침에 대해 아르주나는 어떻게 반응하는가? 제1의 길과 제2의 길을 각각 따르는 사람에 대한 크리슈나의 가르침을 다시 들어보면서 아르주나가 왜 이 두 길을 따를 수 없는지 직접 들어보도록 하자.

제1의 길 적군과 싸우지 않으려는 아르주나에게 크리슈나는 무사의 의무를 다함으로써 행복을 얻으라고 가르쳐요. 이건 보통 사람들이 택하는 제1의 길이에요. 그들은 행위를 하지 않는 것이야말로 죄악이라고 생각하니까요. 그래서 크리슈나는 카스트의 의무에 충실하면 행복을 얻을 수 있다고 아르주나를 꾀는 거죠. 행위를 함으로써 반드시 행위의 결과를 얻으라는 충고인 셈이에요.

아르주나 하지만 제가 싸운다면 그 싸움의 결과가 나오고 말 거예요. 법도가 무너지는 것과 같은, 나쁜 결과가 나오겠죠. 그 나쁜 결과 때문에 저는 싸울 수가 없어요.

제2의 길 크리슈나는 아르주나가 적군과 싸운다고 하더라도 적군을 죽이는 것이 죄악은 아니라고 가르쳐요. 고행자들이 걷는 제2의 길이죠. 왜일까요? 적군을 죽이는 것은 행위를 하는 거짓의 나이고 그 죽이는 행위에 영향을 받지 않는 참다운 나가 따로 있기 때문이에요. 고행자들은 행위와 완전히 무관한 이 참다운 나를 설정해놓고 깨달으려고 하죠. 그래요. 참다운 나만 깨달으면 행위로부터 영향을 받지 않기 때문에 모든 죄악으로부터 자유로워져요. 그래서 크리슈나는 싸워서 적군을 죽여도 죄가 아니라고 꾀는 거죠. 뭐랄까, 행위를 하더라도 행위의 결과를 얻지 않는다는 충고인 셈이에요. 하지만 평범한 생각은 아니죠. 참다운 나는 사람을 죽여도 죽이는 것이 아니라고 하잖아요. 역시 깨달음을 추구하는 길에서는 평범한 생각 같은 건 버려야 하겠죠.

아르주나 싸워도 나쁜 결과가 나오지 않는다는 것은 좋아요. 하지만 제가 싸운다고 해도 참다운 나에게는 싸운 게 아니라면서요. 싸워도 싸운 게 아니며 마치 환상이나 가상에서 행위를 하는 것 같을 텐데 제가 구태여 싸울 필요가 있을까요?

결국 이 두 가지 가르침은 아르주나가 싸우도록 만들지 못한다. 그래서 크리슈나는 이 두 가지 가르침 다음에 이렇게 말한다.

"원리에 관해서 이러한 지식을 그대에게 전했고 이제 적용에 관해서 들어보시오. 아르주나여, 적용의 지식을 얻는다면 그대는 행위의 속박에서 벗어날 것이오."(2.39)

여기서 원리란 이론적인 것을 말하고 적용이란 실천적인 것을 말한다. 다른 말로 원리란 원론적이며 관습적인 것이고 적용이란 현실적이며 실용적인 것이다.

무엇이 원론적이고 관습적인 것일까? 바로 제1의 길과 제2의 길이다. 둘 다 유연하지 못하고 한쪽에 치우친 길이다. 그렇다면 무엇이 현실적이고 실용적인 것일까? 제3의 길인 행위의 요가이다.(실제로 『기타』에서는 '이제 적용에 관해서 들어보시오'라는 말 다음부터 본격적으로 행위의 요가에 대해서 언급한다.)

제3의 길은 제1의 길과 제2의 길이 가진 각각의 한계를 일거―擧에 넘어서는 새로운 해결책이다. 행위의 요가는 제1의 길과 달리 행위의 결과에서 자유로울 수 있다. 또한 제2의 길과 달리 가상이 아닌 실제의 행위를 할 수 있다. (여기서 행위의 요가를 '세속에서 업 만들지 않기 프로젝트'라고 부를 수 있을 것이다. 업이란 인간이 지었거나 짓고 있는 행위를 가리킨다. 행위를 하면서도 행위의 결과에서 자유로운 제3의 길은 현재에 업의 씨앗을 뿌리면서도 미래에 업의 열매가 맺히지 않는 매우 특별한 세속의 프로젝트인 것이다.)

아르주나는? 마찬가지로 그는 실제의 행위를 하면서도 행위의 결과에서 자유로울 수 있다. 그의 몸과 마음이 현실감 있게 싸우면서도 싸움의 결과를 얻지 않을 수 있다. 그는 전쟁 이후의 결과를 그토록 두려워했고 그 불길한 결과를 망상하다가 고통에 몸부림쳤는데 이제 생생하게 싸워도 그런 결과를 얻지 않는단다. 마음대로 싸워도 좋단다.

이 정도면 아르주나를 설득하는 데 행위의 요가가 얼마나 중요한지 알 수 있다. 그러니 『기타』에서 행위의 요가가 가장 중심적이라고 말하는 것은 아무런 문제가 없다.


## 성공적인 행위란 무엇인가

알고 보면 아르주나는 진퇴양난의 딜레마에 빠져 있다. 싸우려고 하니 친족을 마구잡이로 죽여야 하고 싸우지 않으려고 하니 무사의 의무를 저버려야 한다. 이에 크리슈나는 무척 간단한 해법을 제공하는데, 즉 싸우면서 싸우지 않는 법이 있다는 것을 가르쳐준다. 이는 말이 되지 않는 엉터리 방법이 아니라 현실에서 충분히 실현 가능한 방법이다. 이 방법이 행위의 요가이다.

크리슈나는 이렇게 말한다.

"행위에서 무행위를 볼 수 있고 무행위에서 행위를 볼 수 있는 자
는 사람들 가운데 지혜로우며 제어된 채로 모든 행위를 한다오."
(4.18)

이 말은 곧 행위 속에서 행위를 하지 않는 것이 가능하고 행위를
하지 않는 것 속에서 행위가 가능하다는 것이다. 싸우면서 싸우지
않는 것이 가능하다는 말과 같다. 행위 속에서 행위를 하지 않는
것은 행위를 하면서 행위의 결과에 무관심한 것을 뜻한다. 그러니
싸우면서도 싸움의 결과에 관심을 가지지 않는 것이야말로 싸우면
서 싸우지 않는 방법이다.(행위 속에서 마치 행위를 하지 않는 듯한 행
위란 삶 속에서 마치 살지 않는 듯한 삶이다. 진정한 행위라든가 진정한 삶
은 인도적인 전통에서 남의 눈에 마치 죽은 듯이 보여야 하는 것일까?) 이
가르침은 그리 거창하지 않다. 소박하다. 누구나가 일상에서 실천
할 수 있는 방법이다.
크리슈나는 또 이렇게 말한다.

"행위의 결과에 대한 집착을 버리고서 언제나 만족하며 다른 것
에 의지하지 않는 사람은 행위에 관여할지라도 결코 그 어떤 것도
행하지 않는다오. 바라는 것 없고 심신을 절제하며 모든 소유를

버리고 순전히 육체적인 행위만을 하는 자는 죄과를 얻지 않는다 오."(4.20~4.21)

집착하지 않기, 만족하기, 절제하기, 소유하지 않기 등을 바탕으로 행위를 한다면 행위를 하지 않는 것과 마찬가지이기 때문에 행위의 결과도 생기지 않는다고 한다(고대 인도인에게 이 말은 얼마나 달콤한가). 특별히 머리를 깎고 산이나 동굴로 들어가 구도자가 되지 않더라도 그저 평범한 생활에서 욕망의 노예만 되지 않는다면 구도자의 깨달음과 비슷한 성취를 얻을 수 있다고 하지 않는가.

이런 까닭에 『기타』에서 행위의 요가는 그동안 억눌리고 부정되기만 하던 행위를 새롭게 조명하는 탁월한 재해석이자 밥 먹듯이 행위를 해야만 하는 일반인들에게 제공하는 깨달음에 대한 탁월한 재해석이다. 인도의 역사에서 행위와 깨달음은 앙숙 같은 사이였다. 둘은 결코 어울릴 수 없었다. 경이롭게도 『기타』는 이 둘을 절묘하게 화해시켰다. 행위의 요가는 행위의 구출이었고 동시에 깨달음의 확장이었다.

그런데 행위가 깨달음의 경지까지 간다? 이건 그리 쉬운 일이 아니다. 그러기 위해서는 행위를 하는 데 많은 것들이 집중적으로 작동함으로써 행위가 성공적이어야 한다. 행위가 최대한 성공적이어야 깨달음의 경지로 이어진다.

다음은 『기타』의 성공적인 행위에 관해 두 사람이 나누는 대화이다. 성공적인 행위가 구체적으로 어떻게 가능한지 몇 가지 암시를 던져줄 것이다.

"성공적인 행위라…… 결과를 따지지 않고 행위를 하는 것이 행위의 요가이고 바로 행위의 요가가 성공적인 행위이지 않겠어요?"

"그렇죠. 다른 한편으론 행위의 요가를 행위에 정통하거나 행위 그 자체에 숙련된 것이라고 하는데 이건 당연히 성공적인 행위를 가리키지요. 또 행위의 요가를 이루기 위해서는 지혜와 사랑의 도움도 필요해요. 성공적인 행위를 하는 것은 쉽지 않고 까다롭기 때문에 여러 조건을 필요로 한다고 볼 수 있어요."

"지혜와 사랑의 도움이 필요하다는 건 무슨 말이에요?"

"음, 행위가 성공적이기 위해서는 가장 먼저 '어떻게 행위를 해야 하는가?'라는 것에 답해야죠. 즉 행위의 방법을 알아야 한다는 거예요. 하지만 '무엇이 행위인가?'라는 것과 '왜 행위를 해야 하는가?'라는 것에도 답해야 하지 않겠어요? 즉 행위의 본성과 행위의 근거도 알아야 한다는 거죠. 결론은 이거예요. 행위의 방법, 행위의 본성, 행위의 근거를 죄다 탐구해야만 보다 성공적인 행위가 나온다는 거지요. 그리고 눈치 챘겠지만 행위의 방법은 행위의 요가이고 행위의 본성은 지혜의 요가이고 행위의 근거는 사랑의 요가예요."

"아, 그렇군요. 한마디로 무엇이 행위이고 어떻게 행위를 해야 하며 왜 행위를 해야 하는지 제대로 이해해야만 행위가 성공적일 수 있다는 거군요."

"네, 맞아요. 그럼에도 한 가지 잊지 말아야 할 점은 '어떻게 행위를 해야 하는가?'가 성공적인 행위에서 가장 중요하다는 사실이에요."

"행위의 방법 또는 행위의 요가가 가장 중요하다는 말이군요. 결국 지혜의 요가와 사랑의 요가는 행위의 요가를 이끄는 쌍두마차쯤 되겠네요. 만약 그러하다면 『기타』에서는 행위의 본성과 그 근거에 관해서 어떻게 말하고 있나요? 행위의 방법에 관해서처럼 매우 구체적으로 말하고 있나요?"

이 마지막 질문은 무엇을 요구하는가. 쉽게 생각하건대 이 질문은 행위의 본성과 그 근거가 각각 성공적인 행위에 어떻게 기여하는지를 구체적으로 말하라는 것이다. 즉 이 질문은 지혜의 요가와 사랑의 요가가 각각 행위의 요가에 어떤 식으로 도움을 주는지를 구체적으로 말하라는 것을 뜻한다.

이에 『기타』에서 말하는 바를 지혜의 요가를 따르는 지식인과 사랑의 요가를 따르는 신앙인 사이의 대화에서 정리해 볼수 있을 것이다.

지식인 성공적인 행위를 하는 데 지혜가 없어서는 안 되겠죠. 그렇죠? 어쨌든 『기타』에서 지혜의 요가는 주로 인간의 본성을 주

제로 다루지요. 인간이란 육신, 거짓된 나, 참다운 나로 이루어진
다고 보지요. 그런데 이것들을 물질적인 것과 정신적인 것으로 구
분할 수 있겠어요?……네, 육신만이 물질적인 거라고요? 아니에
요. 인도에서 그리고 『기타』에서는 거짓된 나도 물질적인 거라고
말하지요. 좀 충격적이죠? 정신적인 것은 오로지 참다운 나뿐이
에요. 바로 이러한 내용이 인간의 본성에 관한 가르침이지요. 그
래서 크리슈나는 "행위들이 전적으로 오직 물질로 인해 행해지는
것임을, 마찬가지로 자아가 행위자가 아니라는 것을 보는 자는 진
실을 본다오"(13.29)라고 말해요. 행위는 물질로서의 거짓된 나가
행할 뿐 자아로서의 참다운 나가 행하지 않는다는 내용이지요.
요점은 이거죠. 거짓된 나가 하는 행위를 참다운 나의 행위로 돌
리지 말자는 겁니다. 행위와 거짓된 나가 궁합이 잘 맞으니 행위
의 본성은 물질적인 거라는 진단이에요. 물질이 아니라 순수한
정신인 참다운 나는 행위와 아무런 관계가 없다는 진단이기도 하
지요. 누군가가 인간의 본성과 행위의 본성이 이러하다는 것을
알게 되면 아마도 성공적인 행위에 더 가까울 수 있을 거예요. 그
렇죠?

신앙인 성공적인 행위에는 정말 사랑이 필수적이에요. 사랑이란
뭔가요? 신에게 철저히 헌신하는 것이에요. 그런데 행위와 무슨
관계가 있냐고요? 관계가 있어요. 신은 행위를 하는 이유가 되고
근거가 되기 때문이에요. 이 세상의 모든 행위에는 다 이유가 있

지 않아요? 이유 없이 어떤 행위를 하지는 않을 테니까요.

그런데 그 모든 행위의 이유를 따지고 따지면 마지막에 신이 있다는 거예요. 신이 모든 행위의 궁극적인 이유이기에 항상 신을 생각하면서 행위를 하라는 거예요. 크리슈나는 "나에게 모든 행위를 바치고서 최고의 자아에 대한 마음으로 바람도 없고 이기심도 없는 채로 그대는 흥분을 없애고 싸우시오. 나의 이 가르침에 믿음을 가지고 불평 없이 항상 뒤쫓는 사람들 또한 행위들로부터 해방된다오"(3.30~3.31)라고 말해요.

이와 비슷한 말은 『기타』의 여러 군데서 발견할 수 있어요. 신을 의심하지 않고 신에게 헌신한 채로 행위를 하라는 거잖아요. 깔끔하지 않아요? 신이 행위의 근거인 셈이에요. 신이 모든 행위를 담보해주니 신의 의지를 대리해서 행위를 하기만 하면 되잖아요. 행위를 왜 하는가 혹은 행위의 근거가 무엇인가, 이런 걸 알면 성공적인 행위가 분명 눈앞에 있게 될 거예요.

성공적인 행위라는 것이 좀 무겁긴 하다. 행위를 하면서도 행위에서 자유로워지는 것이란 마치 도를 닦는 소리와 같다. 하지만 평범한 행위를 통해 그 행위의 목적인 깨달음을 얻고 자유로워질 수 있다는 것은 분명 희소식이다. 이때 『기타』에 따르면 인간의 본성이나 행위의 본성에 대한 이해와 신을 향한 헌신이 함께한다면 희소식이 현실화될 가능성이 더 크다.

이제 상상해본다. 『기타』에서 과연 아르주나는 실제로 성공적인 행위를 하게 될까? 크리슈나는 아르주나에게 어떻게 행위를 해야 할지 행위의 요가를 친절하게 가르쳤다. 무엇이 행위인지도 가르쳤고 왜 행위를 해야 하는지도 가르쳤다. 아르주나는 마지막에 가서야 '싸울 것이다'라고, '행위를 할 것이다'라고 결심을 내비친다.

그렇게 결심을 굳힌 아르주나는 어떻게 되는가? 비 온 뒤에 땅이 굳는다고 그는 결심을 굳힌 후 전쟁에서 싸우는 것에만 몰입한다.(그 결과 전쟁에서 승리한다. 승리 뒤에는 폐허와 허무만 남지만.)

이제 그만, 여기까지다. 크리슈나의 가르침대로 행위의 결과는 생각하지 말아야 한다. 일단 행위를 시작하고 나면 그다음에는 행위를 하는 줄도 모른 채 행위를 할 뿐이다. 진짜 싸울 때는 싸움에 빠져 있어서 싸우는 줄도 모른 채 싸운다. 그때는 행위를 즐거워하기 때문에 역설적으로 행위로부터 자유롭다. "자기 자신의 행위를 즐거워하는 사람은 완성을 얻는다오"(18.45)라고 크리슈나도 말한다. 자유롭기 때문에 어떤 결과가 나오든지 크게 개의치 않는다. 이게 바로 성공적인 행위 아닐까?

어떤 결과가 나올지 생각하지 않는다는 것은 어떤 욕망도 가지지 않는다는 뜻이다. 어떤 욕망도 가지지 않는다는 것은 어떤 두려움도 없다는 것을 뜻한다. '욕망이 없으면 두려움이 없고, 두려움이 없으면 욕망이 없다.' 이것은 『우파니샤드』의 가르침과도 흡사하다. 두려움이 없는 것이야말로 온전한 자유이다. 두려움 없이 아르주나가 싸웠다면 그는 매 순간 행위에서 자유를 만끽했을 것이다.

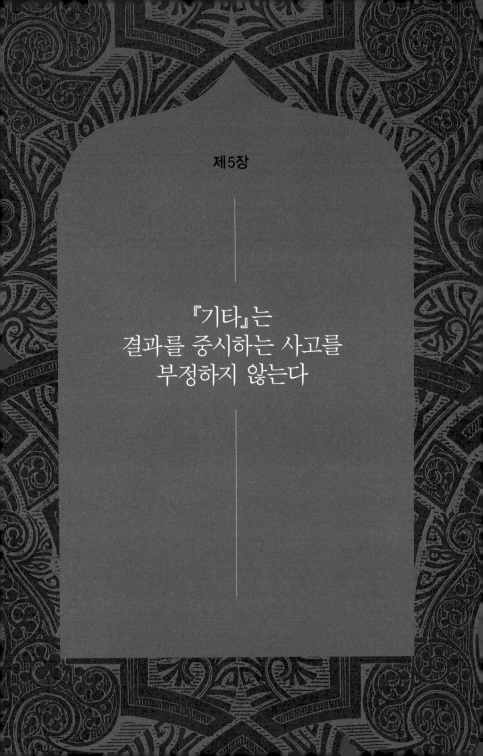

제5장

『기타』는
결과를 중시하는 사고를
부정하지 않는다

크리슈나가 말한다.

"행복과 불행을 동등하게 여기고

스스로에 머무르며

흙덩이와 돌과 황금을 동등하게 여기는 자,

좋아하는 것과 좋아하지 않는 것을 동등하게 여기며

사려 깊고

자신에 대한 비난과 칭찬을 동등하게 여기는 자,

영예와 치욕에 대해 동등하고

친구와 원수에 대해 동등하며

결과를 지향하는 모든 일을 버린 자,

그는 요소를 초월한 자로 불린다오."

(14.24~14.25)

## 의무주의의 승리?

늦은 밤 아르바이트를 마치고 집으로 돌아가는 길에 한 대학생이 땅바닥에 떨어진 작은 손가방을 줍는다. 손가방을 열어보니 자신의 월급 일 년 치에 달하는 현금이 들어 있다. 주위에는 아무도 없는 것 같다. 그는 이 손가방을 경찰서에 맡길까 아니면 자신이 가질까 고민하기 시작한다.

제1의 선택, 경찰서에 맡긴다.

'아, 아깝지만 어쩔 수 없어. 손가방을 잃어버린 사람의 마음을 헤아려야 해. 이 큰돈을 잃어버리고 얼마나 상심이 크겠어! 남의 것을 함부로 취하면 결국엔 끝이 안 좋을 거야. 경찰서에 가져다 주는 게 현명한 선택이야.'

제2의 선택, 자신이 갖는다.

'음, 아무도 보는 사람이 없는데, 이걸 어쩌지? 이 정도 돈이면 아르바이트를 그만두고 취직 공부에 더 집중할 수 있을 텐데…… 가방 브랜드를 보아 하니 주인은 대단한 부자인 것 같아. 양심이 밥 먹여주나, 나한테 정말 도움이 되면 그만이지. 에이, 그냥 눈 딱 감고 챙겨버리자!'

아마도 이 대학생은 두 생각 사이를 계속 왔다 갔다 할지도 모른다. 문제는 이것이다. 양심을 따를 것이냐 이익을 따를 것이냐? '남의 물건을 탐해서는 안 된다'라는 보편적인 도덕 법칙을 따를 것이냐? 내게 현실적으로 중요한 행복을 따를 것이냐? 이 경우에 양심과 법칙을 따르는 것을 의무주의(동기주의)라 부르고 이익과 행복을 따르는 것을 공리주의(결과주의)라 부른다.

의무주의와 공리주의는 어떤 것을 선택하거나 판단해야 하는 상황에서 무엇을 기준으로 삼을 것인가 하는 문제의 답이다. 동기주의에서는 동기가 좋아야 좋은 행위라고 말하고 결과주의에서는 결과가 좋아야 좋은 행위라고 말한다.

예를 들어 어수룩한 사람이 물에 젖은 강아지를 전자레인지로 말려주려다가 죽였다고 하자. 동기주의의 관점에서 이 행위는 그 사람이 강아지를 말려주려고 했던 좋은 동기에서 비롯했기에 좋은 행위이다. 그러나 결과주의의 관점에서 이 행위는 그 사람이 강아지를 죽여버린 나쁜 결과를 낳았기에 좋은 행위가 아니다.

그렇다면 저 대학생이 두 가지 중 어느 것을 선택하기를 기대해야 할까? 묘하게도 이 질문은 『기타』와 겹친다. 아르주나가 그 두 가지 가운데 어느 것을 선택하기를 기대해야 할까?

이 문제를 누군가가 다음과 같이 정리해줄 수 있을 것이다.

"아르주나는 전쟁터에서 선택의 갈림길에 서 있지요. 싸우느냐 싸우지 않느냐 하는 거예요. 그는 무사 계급이기 때문에 무사로서 반드시 전쟁터에서 싸워야만 해요. 이건 의무죠. 반면에 그는 전쟁의 참혹한 결과를 미리 떠올려보면서 싸우지 말아야겠다고 생각해요. 많은 사람이 불행해질 거라고 예측한 뒤에 싸우지 않겠다고 판단하죠. 그의 고민은 의무적으로 반드시 싸우느냐, 아니면 행복하지 않은 결과가 나오므로 싸우지 않느냐 하는 거예요."

이는 의무주의와 공리주의 사이의 대립이다. 아르주나는 의무주의의 관점에서 반드시 싸워야만 하고 공리주의의 관점에서는 결코 싸우지 않아야만 한다. 무사의 의무를 다해야만 하는 동기의 관점에서는 싸우는 게 좋은 행위이고, 가문의 행복이 파괴되는 결과의 관점에서는 싸우지 않는 게 좋은 행위이다.

점점 아르주나의 고뇌가 깊어간다. 아르주나는 어느 것을 선택할까? 처음에 그는 싸우지 않기로 결심한다. 결과를 따져보는 공리주의의 관점에서 그렇게 결심한 것이다. 『기타』의 1장에서 아르주나가 얼마나 처절하게 전쟁의 결과를 상상했는지 떠올려보면 알수 있다.

그 반대로 크리슈나는 매섭게 단호하다. 조금도 고뇌할 필요 없이 아르주나가 무사의 의무를 기필코 수행해야만 한다는 것이다. 이 때문에 『기타』에서 크리슈나의 가르침은 오직 이 목적을 달성하려고 할 뿐이다. 가장 비밀스러운 지혜를 전달하고 신을 향한 최고의 사랑을 언급할지라도 그건 의무를 수행해야 한다고 설득하기 위해서일 뿐이다.

동기보다 결과가 더 중요하다고 생각하는 아르주나 그리고 결과보다 동기가 더 중요하다고 생각하는 크리슈나. 『기타』는 두 생각이 강하게 부딪치면서 흘러간다. 이 부딪침이 어떻게 끝을 맺을까? 불을 보듯 뻔하다. 크리슈나의 생각이 승리한다.

이때 승리한 크리슈나의 전략은 크게 두 가지이다. 하나는 동기가 중요하다고 가르치는 것이고 다른 하나는 결과가 중요하지 않다고 가르치는 것이다. 이 두 가지는 그 내용에서 분명 다르지 않지만 접근법에서는 조금 다르다.

첫 번째 전략. 동기가 중요함을 가르치기. '누구나 다 인정하는 의무를 의심 없이 수행하기만 하라!'

짧게 말해 아르주나 자신에게 주어진 카스트의 의무를 충실히 수행하라는 뜻이다. 브라흐만 계급은 사제와 학자로서, 크샤트리야 계급은 통치자와 무사로서, 바이샤 계급은 상인과 경작자로서,

슈드라 계급은 노동자와 하인으로서 각각의 계급에 맞는 의무를 실행해야 한다. 특히 크샤트리야는 크리슈나가 "용맹함과 활력, 강인함과 숙련, 전쟁에서의 불퇴, 그리고 보시와 지배자의 성품 등등은 본성적으로 크샤트리야의 행위라오"(18.43)라고 말하듯이 전쟁터에서 물러섬 없이 용맹하게 싸워야 한다.

공교롭게도 『기타』에서 크리슈나는 자신의 가르침을 시작하는 2장과 마무리하는 18장에서 계급의 의무에 관해 역설한다. 계급의 의무를 수행하라는 설교는 다른 내용에 비해 그리 많지 않다. 하지만 아주 강력하게 『기타』를 지배한다.

"무가치한 자신의 의무가 잘 실행된 타인의 의무보다 낫다오. 자신의 의무 속에서 죽는 것이 낫다오. 타인의 의무는 두려움을 초래한다오."(3.35)

두 번째 전략. 결과가 중요하지 않음을 가르치기. '결과를 미리 생각하면서 행위를 하지 말라!'

사실 이 전략이 『기타』의 전체를 뒤덮고 있다. 행위를 하기 전에 미리 결과에 대한 욕망을 가지지 말고 결과를 생각하지 말라! 결과에 대한 집착 없이 행위를 하라! 오로지 행위 자체에만 만족하라! 이런 명령들은 죄다 결과가 중요하지 않다는 것을 가르치기 위해서 주어지는 것이다.

"모든 일에 대하여 욕망과 욕망의 원인인 생각을 없앤 자를, 지혜의 불로써 행위를 태워버린 자를 깨달은 이들은 식자識者라고 불렀소. 행위의 결과에 대한 집착을 버리고서 언제나 만족하며 다른 것에 의지하지 않는 사람은 행위에 관여할지라도 결코 그 어떤 것도 행하지 않는다오."(4.19~4.20)

결과를 생각하지 않는 행위란 욕망이 없는 행위와 다르지 않다. 그러니 결과를 생각하지 않는 행위란 동기가 순수한 행위이기도 하다. 동기가 순수하고 결과를 생각지 않는다는 것은 의무주의의 핵심이다. 결국 이 두 번째 전략은 첫 번째 전략을 포함하고 있는 셈이다.

크리슈나의 이러한 두 가지 전략은 성공적이다. 아르주나가 싸우기로 끝내 결심했기 때문이다. 그런데 이것은 정말 획기적인 일이다. 단순히 아르주나의 생각에 대해 크리슈나의 생각이 승리를 거두었다는 의미만 있는 것은 아니다. 동기보다 결과가 더 중요하다는 공리주의에 대해 결과보다 동기가 더 중요하다는 의무주의가 승리를 거두었다는 의미가 있는 것이다. 따라서 『기타』의 이 사건은 인도의 역사에서도 매우 기념비적이다.

아르주나 "연민이라는 해악으로 말미암아 제 본성이 뒤흔들리고, 의무에 대해 제 생각이 혼란스러우니 당신께 여쭙니다. 어느 것이

더 나은지 당신께서 저에게 확실하게 말씀해주십시오."(2.7)

크리슈나 "의무와 관련된 우리 둘의 대화를 공부하는 자는 그 지혜의 제의로써 나를 공양하는 것이라고 나는 생각한다오."(18.70)

『기타』의 앞부분에 나오는 아르주나의 말은 『기타』 전체에서 가장 중요한 질문이다. 그는 (자신은 결과가 더 중요하다고 생각하지만) 의무에 대해 잘 모르겠으니 크리슈나더러 가르쳐달라고 요청한다. 그리고 『기타』의 뒷부분에 나오는 크리슈나의 말은 『기타』의 주제가 무엇인지 알려준다. 그는 아르주나와 나누는 대화 중 의무와 관련된 것이 주요 내용이라고 정리한다.

그렇다. 『기타』의 대화에서 소재는 의무이다. 아르주나는 무사로서의 의무를 지킬 경우에 전쟁의 참혹하고 비참한 결과가 수반된다는 것을 알아챈다. 그래서 의무를 버리기로 작정한 채 크리슈나에게 그 의무가 도대체 지킬 만한 것인지 묻는다. 이에 크리슈나는 왜 그 의무를 지켜야 하는지 온갖 설명을 끌어들여서 아르주나를 설득하고 아르주나는 설득을 당한다. 결국 두 사람의 대화에서 그 줄거리 또한 의무에 관한 것이 맞다.

의무주의가 승리한 『기타』의 이 사건이 왜 중요할까? 결과에 연연하지 말고 자신의 의무만 행하라는 『기타』의 가르침이 왜 기념비적일까? 두 사람의 대화를 상상해본다. 한 사람은 보다 객관적인 증언을 전해줄 역사가이고 다른 사람은 이 사건의 의의를 조명해줄 개혁가이다.

역사가 힌두교에서 『기타』라는 경전이 얼마나 중요한지는 잘 알고 있겠죠? 이 경전에서는 의무주의를 표방하는 크리슈나가 논쟁에서 이기게 되죠. 그러니 힌두 사회에 계급 제도, 즉 카스트 제도를 옹호하는 의무주의가 더욱 확고하게 뿌리내리는 게 당연한 귀결이에요. 『기타』의 영향력인 셈이죠.

개혁가 네, 부정적인 영향이지요. 모든 사람이 각자의 카스트 의무만 열심히 수행하라는 메시지잖아요. 힌두 사회가 『기타』 이후로 2000여 년간 정체된 건 바로 이 의무주의 때문이에요. 물론 『기타』는 의무주의를 옹호하는 무수한 텍스트 중 하나에 불과하지만요. 항상 계급의 의무만을 강조하다 보니 사회에 변동이 거의 없었어요. 사회가 역동적이어야 변화와 발전이 있는 거잖아요.

역사가 그렇긴 하죠. 그건 그렇고 한 가지 특이한 점을 짚고 넘어가야 해요. 서양에서는 '사람을 죽여서는 안 된다'라는 것을 누구나가 지켜야 하는 도덕 규범으로 받아들이죠. 보편적 의무인 거죠. 물론 인도도 이걸 보편적 의무로 받아들여요. 그런데 인도에서는 '무사는 전쟁터에서 사람을 죽여야 한다'는 특수한 계급의 의무를 '사람을 죽여서는 안 된다'는 보편적 의무보다 우선해요. 『기타』에서도 이러한 논리가 적용되죠. 아르주나는 무사이기 때문에 '사람을 죽여서는 안 된다'는 보편적 의무가 아니라 '사람을 죽여야 한다'는 특수한 의무를 따를 수밖에 없어요. 바로 이와 같이 인도만의 독특한 의무주의가 인도 사회를 보수화시키는 데 한 몫했다고 볼 수 있는 거죠.

개혁가 좋은 지적이네요. 또 하나를 덧붙인다면 의무주의를 강조함으로써 공리주의의 장점이 다 묻혀버렸다는 거예요. 공리주의는 더 많은 행복을 추구하기 때문에 뭔가 유용하고 실용적인 방식을 찾게 되잖아요. 보다 더 많은 사람들이 보다 더 큰 행복을 현실적으로 누리도록 하기 위해서 생각을 바꾸고 제도를 바꿔야 하지요. 그런데 『기타』처럼 인도의 역사에서 공리주의는 그 싹부터 잘려나가고 말아요. 계급의 의무를 강조하는 세상에서 현실적인 행복을 추구하기 위해 개혁을 시도하는 건 마치 계란으로 바위를 치는 꼴 같았을 거예요.

역사가 『기타』에서 현실적인 행복을 가르치는 줄 알았는데 그게 아닌 모양이군요. '평온'과 같은 개념은 현실적인 행복이 아닌가요?

개혁가 네, 평온이 곧 행복을 가리키는 건 맞아요. 그러나 그게 현실적인 행복인지는 더 생각해봐야 할걸요.

요컨대 『기타』에서 아르주나와 크리슈나는 고대 힌두 사회에서 의무의 중요성을 다시 한 번 강조하기 위해 대화를 시작하고 끝맺는다. 대화의 주도권을 가진 크리슈나는 이런 결론을 내린다. 행복한 결과가 나오든지 불행한 결과가 나오든지 그저 자신의 계급적 의무만 수행하는 것이 최고의 미덕이라고.

그렇다면 크리슈나의 목소리에 묻힌 아르주나의 목소리는 어떻게 되는가? 그의 목소리는 인도 사회에서 완전히 사라지고 마는 것일까? 결과가 더 중요하다는 생각은 영영 배척되고 마는 것일까? 물론 아니다. 삶에서 대면하는 복잡한 문제들은 결과나 동기만으로 설명하거나 해결할 수 없는 경우가 많다. 더욱이 행복이라는 결과를 전혀 고려하지 않는다면 인간은 대부분 그 공허함 때문에 삶의 흥미를 잃어버리고 말지도 모른다.

길거리에서 손가방을 주운 경우만 해도 그렇다. 그가 손가방을 경찰서에 맡기려고 마음먹는 것도 따지고 보면 상대의 즐거움이나 자신의 만족과 같은 결과를 염두에 두고 있지 않는가. 모든 사람이 동의하는 의무나 동기만으로 행위를 한다는 것은 꿈속에서나 가능할지 모른다. 그러므로 이런 질문이 가능하다.

"동기만 따르고 결과를 조금도 생각지 않는 그런 행위가 도대체 아르주나에게도 가능할까요?"

## '이층의 사유'에서 얻은 결과론

"아르주나여, 결과를 생각하지 않고 싸우기만 하면 예상치도 못한 곳에서 더 좋은 결과가 기다리고 있다오."

크리슈나는 『기타』에서 직접적으로 이렇게 말하지는 않는다. 하지만 거의 이렇게 말한 것이나 다름없다. 과연 크리슈나는 『기타』에서 이와 유사한 생각을 비치기라도 했을까? 만약 그가 행위의 결과를 버릴 때 더 좋은 결과가 다가온다고 가르쳤다면 그는 행위의 결과도 중요하다고 가르친 것이 되고 만다. 의무주의뿐만 아니라 공리주의도 가르친 것이다. 과연 그가 '더 좋은 결과'에 대해 말했는지 말하지 않았는지 이것이 문제다.

뚱딴지같은 소리로 들릴지 모르겠다. 왜냐하면 『기타』를 어느 정도 안다고 자부하는 사람들은 예외 없이 『기타』가 결과에 조금도 집착하지 않는 행위를 가르친다고 단언하기 때문이다. 하지만 다른 가능성을 열어둘 수 있다. 오히려 『기타』를 유심히 들여다보면 행위의 결과를 얼마나 중요시하는지 알아챌 수 있다.

비록 크리슈나가 결과가 아닌 동기의 중요성을 강조할지라도 결과의 중요성 역시 무시하지 않는다. 그렇다고 해서 결과를 중요시하는 아르주나의 처음 견해와 똑같은 것은 아니다. 크리슈나의 입장에서 아르주나의 견해는 행위의 작은 결과에 매달리는 것에 지나지 않는다. 그래서 행위의 작은 결과를 버리라고 설교하는 것이다.

반면에 크리슈나 자신은 행위의 작은 결과를 버릴 때 더 큰 결과를 얻을 수 있다는 견해를 제시한다. 허허실실의 전법이다. 또는 비우면 비울수록 채워진다는 역설의 전법이다. 이는 곧 작은 것을 버리면 큰 것이 저절로 다가온다는 지혜의 역설이다.

그리고 『기타』에 10여 차례 등장하는 '평온'이라는 말이 이를 가능케 하는 데 크게 기여한다. 평온은 『기타』에서 행복이나 자유(해탈)와 거의 다르지 않다. 크리슈나는 이렇게 말한다.

"제어된 이는 행위의 결과를 버리고서 변함없는 평온을 획득한다오. 제어되지 않은 이는 욕망에 근거함으로써 결과에 집착하여 속박된다오."(5.12)

"육체로부터 해방되기 이전에 바로 이 세상에서, 욕망과 분노로부터 생겨난 동요를 견딜 수 있는 이는 제어된 사람이자 행복한 사람이라오."(5.23)

크리슈나는 제어된 사람을 평온을 획득한 사람이자 행복한 사람으로 묘사한다. 그리고 제어되지 않은 사람을 속박된 사람으로 묘사한다. 따라서 제어된 사람은 평온하고 행복한 사람이자 속박되지 않은 자유로운 사람인 셈이다.(평온과 행복과 자유가 같은 뜻이라고 확인된다.)

또한 제어된 사람이란 행위의 결과를 버린 사람으로서 행위의 요가를 성취한 사람이다. 결국 행위의 요가를 성취한 사람이 평온, 행복, 자유를 획득한다. 행위의 결과를 버림으로써 도리어 더 큰 결과를 얻는 것이다. 당연하게도 더 큰 결과란 평온이나 행복이나 자유이다. 그리고 『기타』에서 말하는 평온이나 행복이나 자유를 (오늘날의 어투로) '초일상적 행복'이라고 부를 수 있다.

이런 점에서 크리슈나는 결과가 중요하지 않다고 가르치는데, 이를 통해 일상의 행복이라는 작은 결과가 아니라 초일상적 행복이라는 더 큰 결과를 얻을 수 있다고 암시한다. 초일상적 행복. 이것은 일상에서 욕심이나 목적의식을 가지지 않는 일상을 초월하는 행복을 가리킨다. 이것을 위해서는 작은 결과에 집착하는 태도를 버려야 한다. 아르주나도 전쟁의 결과를 더 이상 생각하지 말아야 한다. 그렇게 되면 일상을 살면서도 일상으로부터 자유로운 초일상적 행복이 다가온다. 그야말로 평온한 마음을 얻을 수 있는 것이다.

이처럼 크리슈나가 암시하는 것은 초일상적 행복이라는 더 큰 결과이다. 행복이 곧 평온이기 때문에 초일상적 평온이 더 큰 결과인 셈이다. 따라서 크리슈나는 분명 행위의 결과가 좋은 행위의 기준이 되는 것을 부정하지 않는다. 행위를 통해 자신의 마음이 행복하고 평온한 그런 큰 결과가 나오면 그 행위가 좋은 행위임을 인정한다. 보다 더 큰 결과이자 고차원적인 결과를 위해 행위를 하는 것을 나무라지 않는다. 즉 눈앞의 작은 결과를 향한 욕망을 나무랄 뿐 고차원적인 결과를 향한 욕망을 나무라지는 않는 것이다.

물론 고차원적인 행복이나 평온을 얻기란 매우 어렵다.(쉽게 얻을 수 있다고 말은 하지만 결코 쉽지 않다.) 하나를 버려야만 다른 하나를 얻을 수 있고 작은 것을 버려야만 큰 것을 얻을 수 있기 때문이다.

작은 것과 큰 것, 작은 결과와 큰 결과, 작은 행복과 큰 행복. 이 것은 인도에서 전형적으로 나타나는 이층의 사유이다. 일층은 작은 것의 공간이고 이층은 큰 것의 공간이다. 일층은 시간이 흐르는 무상한 공간이고 이층은 시간이 멈춘 영원한 공간이다. 보통 사람들은 일층에서 살지만 가끔 이층에 도달하는 경우도 있다.

행복에 관해서도 이층 구조물이 등장한다. 일층은 작은 행복의 공간이고 이층은 큰 행복의 공간이다. 보통 사람들이 말하는 행복이란 일층의 작은 행복이다. 일층에는 행복의 방과 불행의 방이 있고 사람들은 이 두 방을 한없이 왕복하며 살아간다. 그래서 일층의 행복은 지속적이지 않다. 반면에 사람들이 꿈꾸는 행복은 이층의 큰 행복이다. 이층의 행복은 평범한 행복과 불행을 뛰어넘는 것이기 때문에 지속적이다. 그리고 이층으로 통하는 곳에는 좁은 문이 있다. 이 좁은 문을 통해 아주 소수만이 이층에 도달하여 지속적인 큰 행복을 누릴 수 있다.

『기타』에서 크리슈나도 이 두 가지 행복을 이야기하며 아르주나에게 행복의 이층 구조물을 넌지시 보여준다.

"행복과 불행을 동등하게 여기고 스스로에게 머무르며 흙덩이와 돌과 황금을 동등하게 여기는 자, 좋아하는 것과 좋아하지 않는 것을 동등하게 여기며 사려 깊고 자신에 대한 비난과 칭찬을 동등하게 여기는 자, 영예와 치욕에 대해 동등하고 친구와 원수에 대해 동등하며 결과를 지향하는 모든 일을 버린 자, 그는 요소를 초월한 자로 불린다오."(14.24~14.25)

"외부와의 접촉에 집착하지 않는 마음으로 자아에서 행복을 발견하는 이는 브라흐만의 요가에 의해 제어된 마음으로 불멸의 행복에 도달한다오."(5.21)

사람들은 어떤 행위를 할 때 불행한 결과를 회피하고 행복한 결과를 지향하며, 좋아하지 않는 결과를 버리고 좋아하는 결과를 얻고자 한다. 이 때문에 항상 결과에 집착한다. 불행해지면 어떻게 하나, 좋아하지 않는 것을 얻게 되면 어떻게 하나, 항상 전전긍긍한다. 크리슈나는 이 모든 결과를 동등하게 여기는 것이 결과에 대한 집착에서 빠져나오는 길이라고 가르친다. 무심無心으로써 불행과 행복을 동등하게 여기면 어떤 결과가 나오든지 크게 집착하지 않을 수 있다.

크리슈나는 좀더 구체적으로 사람들이 "괴로움 속에서 마음이 흔들리지 않고 즐거움 속에서 탐욕이 없"(2.56)기를 바라고 "좋은 것을 얻어도 기뻐하지 않고 나쁜 것을 얻어도 싫어하지 않"(2.57)기를 바란다. 결과에 신경 쓰지 않으면 불행하다고 해서 좌절하지 않고, 행복하다고 해서 과욕하지 않을 것이다.

그런데 이러한 행복이나 즐거움은 단지 불행이나 괴로움에 대립되는 것에 지나지 않는다. 주로 감각적인 쾌락 때문에 얻어지는 것으로서 바로 일층의 작은 행복을 가리킨다.

반면에 이층의 큰 행복은 불멸의 행복이다. 이 행복은 제어된 마음을 가지는 것이므로 평온과 다르지 않다. 접촉할 수밖에 없는 바깥의 사물들에 집착하지 않을 때 만들어지는 행복이므로 내면의 행복이라고도 할 수 있다. 내면에서 홀로 평온하게 머무르는 불멸의 행복인 것이다.

행복의 이층 구조물은 이와 같다. 일층을 버리면 이층에 오를 수 있다. 따라서 작은 행복을 버림으로써 큰 행복을 얻을 수 있다. 작은 결과를 버림으로써 큰 결과를 얻을 수 있다. 일층은 언제나 불안정한 반면 이층은 언제나 평온하다. 또한 일층은 항상 속박되어 있는 상태인 반면 이층은 항상 자유로운 상태이다. 그러므로 이층의 큰 행복과 평온과 자유야말로 (작은) 결과에 집착하지 않음으로써 획득하는 (큰) 결과이다.

한편 이층 구조물이라는 비유와 관련해서 비판적인 시선도 충분히 가능할 것이다. 다음은 비판적인 입장을 가진 두 사람의 대화이다.

"그렇다면 저러한 이층의 사유에서 일층은 대개 이층에 지배되는 거잖아요. 저는 보통의 행복을 넘어서는 초월적인 행복을 말하는 사고방식에 찬성하지 않아요. 그냥 보통의 행복을 최대한 많이 누리는 것이 중요할 뿐이잖아요."

"네, 그래요. 크리슈나는 일상의 행복을 일층에 위치시키고 초일 상적 행복을 이층에 위치시켜요. 그러고는 일층을 버릴 때에 이 층을 얻게 된다고 말하죠. 일상의 행복을 버리면 초일상적 행복 을 얻을 수 있다는 거죠. 이층이 일층을 압도해버려요. 작은 결과 에 얽매이지 않으면 초일상적 행복이라는 최고의 결과를 획득한 다는 논리죠."

"그런데 흔히 『기타』는 세속적인 윤리 또는 사회적 윤리를 강조한 다고 하잖아요. 그런 윤리가 이층에 위치한 초일상적 행복과 어떻 게 잘 어울릴 수 있을까요?"

"그건 어렵지 않죠. 힌두교라는 종교 공동체는 세속적인 사회 질서 도 잘 유지해야 하고 탈속적이고 초월적인 깨달음을 이상적인 목 표로도 내걸어야 해요. 쉽게 말해 사회를 존속시키면서 초월적인 꿈도 꾸도록 허용하는 거죠. 세간世間과 절간이 모두 행복한 건 가 능하잖아요." 『기타』에서 말하는 '세상의 복리lokasaṃgraha'㉚인 셈이죠.

㉚ 복리는 『기타』 (3.20)에 나오는 말로 원어는 lokasaṃgraha이다. 세상의 복리란 세상이 그 릇된 방향으로 가지 않게 하는 것을 뜻한다.

"그렇게 말하니 크리슈나가 아르주나를 희롱하지 않았나 하는 느낌이 드는 걸요. 결과에 대한 욕망을 버리라고 해 놓고선 자신은 불멸의 행복이니 평온이니 하면서 더 큰 결과를 이상향인 것처럼 제시하고 있잖아요. 힌두교의 종교 공동체를 위한 이층 구조물을 지어놓고 이층에서 일층을 마음대로 조종하는 것 같단 말이에요. 일층이라는 현실의 권력을 유지하기 위해 이층의 초월성을 이용하는 가식과 위선이 보이는걸요."

"그럴지도 모르죠. 이층이라는 마약을 미끼로 일층을 제멋대로 통제하고 관리하는 꼴이지요. 당하는 측은 이층이라는 링거를 맞으면서 일층의 고통을 망각해버리는 꼴이지요."

이런저런 말들이 많겠지만 한 가지는 분명하다. 크리슈나는 『기타』에서 행위의 결과를 버리면 더 좋은 결과가 온다고 가르친다. 이를 위한 구체적인 방법도 있다. (이미 나왔지만) 행위의 결과를 '동등하게 여기기'라는 방법이다. 좋은 결과든 나쁜 결과든 동등하게 여기면 행위의 결과에 쉽게 집착하지 않을 수 있다. 그러고 나면 더 고차원적인 결과가 저절로 생겨난다.(철학적으로 동등하게 여기기란 실재가 하나뿐이라는 것을 앎으로써 다양성과 차이를 가진 현상계現象界의 모든 것을 동등하게 바라볼 수 있다는 의미이다.)

결과를 동등하게 여기면 욕망이 무의미해진다. 일상의 진실과 거짓, 선과 악, 아름다움과 추함 등을 구별하는 것도 무의미해진다. 욕망이 없는데 그러한 것들을 구별해서 무슨 의미가 있겠는가. 결국 일상 속에서 그러한 구별이 무의미해지면 마음이 초일상적인 평온의 상태에 계속 머무른다.

또한 결과를 동등하게 여기면 결과가 다 똑같다고 느껴진다. 이때 도대체 무슨 개인적인 욕망이 있고 개인적인 동기가 있겠는가. 삐딱하거나 튀는 사람이 없으니 세상은 완전히 예측 가능하다. 공동체의 평온은 저절로 이뤄질 것이다. 모든 사람은 주어진 의무만을 기계의 부속품처럼 수행할 것이다. 얼마나 평온한 세상이겠는가.

동등하게 여기기. 이것은 『기타』가 낳은 탁월한 행위의 미학이다. 또 이것은 보는 시각에 따라 달콤할 수도 혹은 끔찍할 수도 있다. 그렇지만 이 방법이 이층 구조물을 더 탄탄하게 하면서 일층을 왜곡하거나 억압한다면 이 방법을 제안하는 크리슈나에게 결코 박수를 보낼 수만은 없을 것이다.


## 크리슈나의 다면성이 말하는 것은?

『기타』의 크리슈나 그리고 『기타』 이외의 다른 문헌들에 일반적으로 알려져 있는 크리슈나. 이 둘은 이야기 속에서 같은 인물이지만 조금 다르다. 심지어 『기타』의 크리슈나와 『마하바라타』의 크리슈나도 이야기 속에서 같은 인물이지만 조금 다르다. 후자는 인간

영웅으로 간주되지만 전자는 최고신으로 간주된다. 사실 『기타』의 크리슈나는 최고신으로 등장하여 장황하게 설교만 하기 때문에 그다지 매력적이지 않다. 반면에 일반적으로 알려진 크리슈나는 마치 팔색조인 양 온갖 매력을 두루 보여준다.

인도에서 가장 폭넓고 깊게 사랑받는 크리슈나는 최고신이기 이전에 다양한 색깔을 가진 한 사람이었다. 어린 시절의 그는 말도 못할 장난꾸러기였지만 거침없는 유희의 절정을 다 보여주었다. 청년 시절의 그는 세상 모든 여인에게 사랑받는 남성이었고, 삶을 가장 완벽하게 긍정하고 축제처럼 즐긴 인간이었으며, 매우 훌륭한 왕으로서 자신의 왕국을 품위 있게 통치하였다. 그러다가 말년에는 고독과 향수에 젖은 채로 생을 마감했다. 이처럼 크리슈나는 단세포가 아니라 다세포를 가진 인간 유형이다. 하나의 잣대로써 여러 차원을 가진 그를 평가하기란 불가능에 가깝다.

그럼에도 다음과 같은 평가를 쉽게 마주칠 수 있으리라. 『기타』의 크리슈나에 대한 부정적인 평가이다.

"『기타』에서 크리슈나는 진부하고 고루한 논리만을 반복하는 것 같아요. 뭐 특별한 내용은 아니잖아요. 의무만 중요하다고 말하는 것처럼 보이지만 결과의 중요성도 은근히 강조하는 거죠.

그런데 교훈의 냄새가 강해요. 이야기나 예시도 없이 그냥 이렇게 저렇게 살아야 한다면서 너무 교과서 같고 도덕적으로 올바른 말

만 하잖아요. 『기타』의 크리슈나는 세상을 일차원적이고 단면적
으로 이해하는 답답한 엘리트 정도로만 보이는걸요."

이 지점에서 『기타』 바깥의 크리슈나를 불러보기로 한다. 『마하
바라타』의 크리슈나를 불러서 과연 그가 의무주의자(동기주의자)인
지 공리주의자(결과주의자)인지 우선 확인해보자(이는 『기타』를 좀더
잘 이해하려는 시도 중 하나이다).

일단 『마하바라타』에서 크리슈나는 (의무주의자라는 증거도 꽤 있겠
지만 전반적으로) 의무주의자가 아니다. 왜냐하면 그는 동기가 불순
하더라도 결과만 좋으면 된다는 사고방식을 보여주기 때문이다. 예
를 들어 그는 18일 전쟁에서 승리하기 위해 여러 번에 걸쳐 부도덕
한 속임수를 사용한다. 대표적인 속임수 세 가지는 다음과 같다.

첫째, 크리슈나는 적군의 첫번째 총사령관인 비슈마를 죽이기
위해 과거에 비슈마에게 치욕을 당한 여성을 이용한다. 문제는 비
슈마가 여자의 몸에서 태어난 사람에게 절대 죽임을 당하지 않을
운명이라는 것이다. 그런데 그 여성은 이번 생애에도 여자로 태어
났지만 성전환을 통해 남자가 되었다. 그/그녀는 여자의 몸에서 태
어난 사람이 아니라 성전환을 통해 다시 태어난 사람이다. 크리슈
나는 바로 이 사람을 이용하여 비슈마를 쓰러뜨린다.

둘째, 크리슈나는 적군의 두번째 총사령관인 드로나를 죽이기
위해 그의 아들이 죽었다고 병사들이 거짓으로 소리치게 만든다.

이에 드로나는 충격을 받아 잠깐 기절하는데 그 틈에 한 장군이 그의 목을 쳐서 죽인다.

셋째, 크리슈나는 적군의 세번째 총사령관인 카르나를 죽이기 위해 아르주나의 복수심을 자극한다. 카르나와 아르주나의 일대일 결투에서 카르나의 마차가 진흙탕에 빠진다. 카르나는 무사의 도리를 지켜 잠시 멈출 것을 청하고 이에 응하여 아르주나가 멈춘다. 그런데 크리슈나는 아르주나의 아들이 적군의 여러 장수에게 홀로 죽임을 당한 사실을 아르주나에게 상기시킨다. 아르주나는 죽은 아들의 이름을 듣고 크게 분노하면서 카르나를 활로 쏘아 죽인다.

이와 같이 크리슈나는 동기나 과정을 크게 신경 쓰지 않는다. 동기나 과정이 어찌하든지 간에 마지막 결과로서 정의가 구현되기만 하면 된다는 사고방식이다. 할 말이 없다. 그가 최고신인 이상 그가 속한 측이 전쟁에서 승리할 것이다. 그가 최고신인 이상 그가 속한 측에 정의가 있을 것이다. 이미 전쟁의 결과는 정해져 있으니 동기나 과정은 아무런 문제도 되지 않을 뿐이다.

크리슈나의 이러한 모습을 보면 그가 결과를 중시하는 공리주의자처럼 보인다. 하지만 『마하바라타』에서 그는 (공리주의자라는 증거도 꽤 있겠지만 전반적으로) 공리주의자가 아니다. 왜냐하면 정의는 구현되었을지 몰라도 전쟁에서 승리한 이후에 행복한 사람은 아무도 없었기 때문이다.

그렇게 아무도 행복하지 않았다. 패배한 적군의 가족들만 불행한 게 아니었다. 사촌끼리의 전쟁이었으므로 승리한 아군의 가족들도 불행하긴 마찬가지였다. 아르주나를 비롯하여 승리한 다섯 형제는 회한悔恨으로 가득한 여생을 보냈다. 마치 세상이 종말을 맞이하기라도 한 듯이 그 왕국에는 비극의 정적만이 감돌고 있을 뿐이었다.

행복이라는 결과가 전혀 실현되지 않았다면 최고신인 크리슈나는 결과주의자도 아니다. 그가 세상을 구원하기 위해 열심히 노력했음에도 실제로는 좋은 결과가 나오지 않는다.

다행히 신의 관점에서 혹은 온 세상의 관점에서 정의라는 결과만은 구현되지 않았느냐고 누군가 물을 수 있다. 하지만 살아남은 자들이 모두 슬퍼하고 괴로워한다면 정의가 구현된다고 해도 그저 껍데기에 불과할 것이다. 그러니 최고신인 크리슈나 자신만을 위한 정의이거나 정의 그 자체를 위한 정의일 뿐 사람들을 위한 정의는 아닌 것이다.

이렇게 크리슈나는 『마하바라타』에서마저 모호하다. 그는 의무주의자도 아니고 공리주의자도 아니다(바꿔 말하면 의무주의자이기도 하고 공리주의자이기도 하지만). 『기타』에서 그는 모호하지 않았는가!

결국 긍정적으로 이런 생각을 할 수 있다. 의무주니 공리주니 하는 잣대는 크리슈나에게 도무지 적용되지 않는다고. 크리슈나는 애당초 도덕의 틀에 갇히지 않는 인간이자 최고신이라고.

실제로 크리슈나는 그랬다. 한번은 크리슈나와 아르주나에게 이

런 일이 있었다. 인도의 이야기꾼 한 사람을 불러내 그 이야기를
들어보도록 하자.

"하루는 전쟁터에서 아르주나와 그 형제들이 승리하지 못한 채
무기력하게 돌아오고 있었습니다. 그때 다섯 형제 중 맏아들인 유
디슈티라Yudhiṣṭhira가 홧김에 아르주나에게 소리쳤습니다. '간
디바 따위의 무기는 내던져버려라!'라고. 간디바라는 무기는 아르
주나가 보유하고 있는 지상 최강의 활 이름입니다.
문제는 아르주나에게 발생하고 맙니다. 아르주나는 과거에 저 훌
륭한 무기 간디바를 얻기 위해 무진장 노력을 기울였습니다. 간디
바를 얻은 다음에 어느 누구라도 그것을 모욕하는 사람은 절대
죽음을 면치 못할 것이라고 서약도 했습니다. (참고로 고대 인도에
서 약속이나 맹세는 절대적으로 지켜져야만 합니다.) 그런데 그의 형
이 간디바를 모욕하고 말았던 것입니다. 아르주나는 딜레마에 빠
집니다. 서약을 깨면서 형을 죽이지 않을 것인가, 서약을 지키면
서 형을 죽일 것인가 하는 딜레마입니다."

이는 『마하바라타』에 나오는 일화이다. 물론 크리슈나는 아르주
나의 곁에 있다. 그는 아르주나의 이 딜레마를 어떻게 해결해줄
까? 해결책은 이러하다. 아르주나는 그의 형에게 아주 모진 말을
함으로써 형을 죽이는 것과 같은 효과를 얻을 수 있다. 말로써 사

람의 마음을 죽이는 것은 칼로써 사람의 육체를 죽이는 것과 별반 다르지 않다. 그렇게 하면 아르주나는 자신의 서약을 지키는 동시에 형을 실제로 죽이지 않아도 된다. 크리슈나의 이 태도가 얼핏 모호하다고 생각할 수 있다. 하지만 이것은 모호하다기보다 유연하다. 그의 유연함은 두 가지 특성을 지닌다. 하나는 딱딱한 도덕 법칙이나 원칙을 고집하지 않는 것이다. 다른 하나는 각각의 문제가 처한 상황에 맞게 해결책을 제시하는 것이다. 그는 세상의 이치가 퍼즐 맞추기처럼 딱 맞아떨어지지 않는다는 점을 이해하고 있다.

크리슈나의 이러한 유연함을 인도의 또 다른 위대한 영웅이자 최고신인 라마Rāma는 그다지 좋아하지 않을 것이다. 만약 라마와 크리슈나가 만난다면 도덕 법칙이나 원칙에 관해 다음과 같은 대화를 나누리라.

라마 세상일은 선線이 확실해야 합니다. 선이 불분명하면 모든 게 뒤죽박죽되고 마니까요. 원칙은 그것이 원칙으로 남아 있는 이상 끝가지 고수해야 한다는 겁니다.

크리슈나 그렇기는 합니다만, 원칙들끼리 서로 부딪칠 경우에 어떻게 할 겁니까? 아르주나의 경우처럼 약속은 반드시 지켜야 한다는 원칙과 형제를 죽여서는 안 된다는 원칙이 부딪칠 경우에 말입니다.

라마 그 경우 원칙들 중에서 더 우선시되는 원칙을 따르는 수밖에 없습니다. 물론 시대와 장소에 따라 원칙의 우선순위가 다르겠지만 현재 정해져 있는 원칙을 따르는 것만이 바른 길일 것입니다.

크리슈나 인도에서 정의나 법도는 단지 군림할 뿐이지 결코 지배하지 않습니다. 정의나 법도는 그저 상징적인 것일 뿐이고 현실에서는 유연하게 적합한 방도를 찾아야 한다는 뜻입니다. 그러니 현실에서는 사람들이 온갖 실용적인 지혜를 모아 그중에서 최고의 지혜를 적용해야 하지 않겠습니까? 사람들이 모여 최선의 지혜를 짜내야 한다는 말입니다.

라마 사람들의 지혜라는 것도 본래부터 존재하던 원칙에 의존할 뿐입니다. 그리고 사람들이 모여서 지혜를 짜낸다고 하지만 종종 그것이 훨씬 더 나쁜 결과를 낳을 수도 있지 않습니까. 차라리 왕혼자서 원칙에 따라 대낮에 칼을 쥔 채 단호하게 처형을 하고 한밤에 눈물을 흘리며 마음 아파하는 게 나을 것입니다.

크리슈나 제가 사람들이 가진 최고의 지혜라고 말하는 것에는 이미 주어져 있는 원칙도 포함됩니다. 세상에 주어져 있는 모든 것을 총동원해서 각각의 문제에 대해 상황에 맞게 최고의 지혜를 짜내고 적용할 수 있다는 말입니다.


라마와 크리슈나는 도덕적 문제에 관하여 조금은 상반된 태도를 보여준다. 라마는 확고한 원칙을 강조하고 크리슈나는 상황에 따르는 유연성을 강조한다. 또 라마는 완고하며 크리슈나는 관대하다. 두 인간/신의 태도가 서로 대립, 보완되면서 인도의 역사를 이끌어왔다고 해도 과언이 아니다.

관심이 가는 것은 크리슈나의 태도다. 그는 도덕을 이야기할 때마다 늘 얼굴에 수수께끼 같은 미소를 띤다고 한다. 이 미소의 의미는 뭘까? 크리슈나 자신이 다차원적인 인간이고 또 그가 다차원적인 세상살이를 이해하고 있기 때문에 그런 미소를 띠고 있을 것이다. 다른 한편으로 도덕에 관한 진실을 찾아가는 길이 매우 어렵고 힘들다는 것을 그 미소를 통해 우회적으로 드러내고 있을지도 모른다.

다시 더 관심이 가는 것은 『기타』에 나타나는 크리슈나의 태도다. 그는 『기타』에서 마치 라마인 듯이 말을 한다. 그는 "따라서 법전은 그대가 행해야만 하는 것과 행하지 않아야만 하는 것을 결정하는 준거라오. 법전의 명령이 말하는 바를 알고서 그대는 이 세상에서 행위를 해야 하오"(16.24)라고 말하면서 법칙과 관습 및 규범에 정해진 바대로 행위를 해야 한다고 가르친다. 이것은 잘 알려진 크리슈나의 모습과 거리가 멀다. 똑같은 퍼즐을 계속 맞추고 있는 것처럼 진부하고 고루한 논리만 반복한다는 평가를 받을 만하다.

하지만 『기타』에서도 도덕에서 자유로운 크리슈나의 일면을 엿볼 수 있다. 바로 『기타』의 중요한 가르침인 행위의 요가를 통해서다. 행위의 요가가 행위를 안 하는 듯이 행위를 하는 것이라면 이는 곧 자유분방하고 역설이 풍부한 크리슈나의 가치를 암시하고 있지 않을까?

행위를 안 하는 듯이 행위를 하는 것으로부터 어린이의 놀이를 떠올려볼 수 있다. 어린이의 행위는 계산적이지 않기 때문에 행위라기보다 놀이라고 하는 게 적합하다. 그 놀이는 너무나 자연스러워서 모든 평가의 틀에서 벗어나 있다. 인도에서 가장 강력한 크리슈나의 이미지는 바로 이 어린이 크리슈나가 천진난만하게 노는 모습이다. 이처럼 행위를 안 하는 듯이 행위를 하는 것은 행위를 할 때의 모든 복잡한 조건을 벗어던지는 자유로운 행위이다. 그 행위는 더 이상 행위의 본성이니 방법이니 근거니 하는 것들조차 필요로 하지 않는다. 옳음과 그름의 경계나 선함과 악함의 경계가 그저 무의미한 것으로 다가온다. 의무주의니 공리주의니 그런 기준들이 단지 약간의 긴장을 돋우는 참조사항 정도로만 알려진다. 그러면서도 그 자유로운 행위는 누가 봐도 고스란히 일상적 행위이다.

여기서 하나의 비유를 들 수 있겠다. 이 세상이라는 무대 위에 태어났으니 연기를 하긴 해야 한다. 하지만 대본에 주어진 대로 충실하게 배역을 연기하면 결코 그 배역과 그 무대로부터 벗어나려고 애쓰지 않을뿐더러 벗어날 수도 없다. 따라서 연기는 하되 주어진 대로의 배역에 빠지지는 않는 것이야말로 바로 인도식의 가장 자유로운 일상적 행위이다.

결국 크리슈나는 『기타』에서도 약간 격식을 갖추었다뿐이지 상

당히 자유분방하고 역설이 풍부한 그만의 도덕적 가치를 암시하고
있다. 이런 점에서 크리슈나의 알 듯 말 듯한 미소는 도덕으로부터
의 자유가 그저 넘치고 넘쳐 흘러나오는 모습일 것이다. 그렇다면
그 미소는 『기타』에서도 긴 가르침을 전하는 도중에 아마 은연중
몇 번씩이나 수수께끼처럼 흘러나왔을지도 모른다.

제6장

『기타』는
길들여지지 않은 사람을
길들이려고 한다

크리슈나가 말한다.

"법전의 명령(가르침)을 내버린 채

욕망에 따라 행하는 자는

완성에 도달하지 못하고

행복이나 지고한 목적지에도 도달하지 못한다오.

따라서 법전은

그대가 행해야만 하는 것과 행하지 않아야만 하는 것을

결정하는 준거라오.

법전의 명령이 말하는 바를 알고서

그대는 이 세상에서 행위를 해야 하오."

(16.23~16.24)

## 제어할 수 있는 것과 없는 것

인도의 한 노학자가 비공식적으로 『기타』의 가르침을 이렇게 요약한 적이 있다(단지 그의 요약일 뿐 『기타』에서 크리슈나가 이렇게 말하지는 않는다).

'제어할 수 없는 것은 제어할 수 없고 제어할 수 있는 것은 제어할 수 있다.'

얼핏 이 말은 아무런 뜻도 없는 것 같지만 『기타』의 중요한 가르침을 압축적으로 보여준다. 조금 풀어보면 사정이 나을 것이다.

'운명은 어떤 식으로든 인간이 제어할 수 없다. 운명처럼 제어할 수 없는 것에 대해서는 제어하겠다는 생각을 버려야 한다. 반면에 운명이 아닌 것은 인간이 제어할 수 있다. 인간으로서 충분히 제어

할 수 있는 것을 제어하지 않는다면 그건 인간이기를 포기한 것과 마찬가지다.'

사람들은 운명에 대해 대략 두 가지 태도를 보인다. 하나. '모든 건 다 필연이고 운명이잖아!' 이건 운명을 좀처럼 벗어날 수 없다는 태도다. 둘. '운명은 인간이 만드는 것에 불과해!' 이건 운명을 숫제 넘어설 수 있다는 태도다. 어떤 사람은 앞의 태도에 또 어떤 사람은 뒤의 태도에 더 치우쳐 있다.

그런데 『기타』는 이 두 가지 태도를 합한다. 운명을 벗어날 수 없다는 태도와 운명을 넘어설 수 있다는 태도를 반반씩 수용하는 것이다. 평범한 두 태도를 합하고 나니 꽤 색다른 느낌을 풍기는 가르침으로 다가온다. '도저히 어쩔 수 없는 것은 인정하고 주어진 것에서 최선을 다하기만 하자!' 이는 쉽게 말할 수 있지만 쉽게 실천할 수 없는 가르침이다. 주변의 누군가에게 종종 들어온 지혜의 말이지만 건성으로 듣고 흘리다가 뒤늦게 꼭 그러한 상황을 맞닥뜨렸을 때 '그렇지!' 하면서 고개를 크게 끄덕이게 하는 가르침이다.

『기타』는 이 교훈을 보다 생생하게 들려준다. 왜냐하면 훌륭한 인물들이 어떻게 행동하고 어떤 슬기를 동원하는지 현장의 상황극을 공연하고 있기 때문이다. 그렇다. 주인공 아르주나는 싸울 것인지 싸우지 않을 것인지 즉시 운명적 선택을 해야만 하는 상황에 놓여 있다. 그리고 아르주나의 바로 곁에는 또 다른 주인공 크리슈나가 모든 슬기를 동원하여 그를 설득해야만 하는 상황에 놓여 있다.

그렇다면 왜 크리슈나는 제어할 수 없는 것은 제어할 수 없다고 아르주나에게 넌지시 암시하는 것일까? 그 이유는 아르주나가 자신이 결정할 수 없는 운명에 대해 주제 넘게 관심을 가지기 때문이다. 무슨 말일까?

우선 『기타』의 시작 부분에서 아르주나는 어떻게 했는가. 그는 자신이 만약 전쟁에서 싸운다면 여러 친족을 죽여야만 하고 그 결과로 자신의 가문 전체가 쇠락할 것이라고 예상한다. 이 예상 때문에 그는 괴롭다. 미래의 불길한 징조를 미리 예감한 사람처럼 무기력증에 빠져버린다. 이를 지켜보는 크리슈나는 이렇게 가르친다.

'행위를 하는 것은 그대의 몫이다. 그러나 그 행위의 결과는 그대의 몫이 아니다. 행위의 결과는 나에게 맡기고 그대는 행위에만 열중하라. 행위의 결과는 운명의 몫이다.' (이 가르침을 '행위의 요가'라고 불러도 괜찮을 것이다.)

이 말은 곧 전쟁에서 싸우고 난 이후의 결과를 고민하지 말라는 것이다(그것에 대한 고민은 주제 넘는 짓이라는 것이다). 전쟁 이후에 어떤 결과가 나오는지 인간의 능력으로는 도저히 알 수 없다. 또 인간의 능력으로는 그 어떤 결과도 결정할 수 없다. 그런데도 그 결과 때문에 고통스러워한다면 분명 인간의 한계를 모르는 철부지의 모습이다.

물론 크리슈나의 이 가르침을 아르주나는 충분히 이해한다. 그의 지성적 능력이라면 이해하지 못할 리가 없다. 그럼에도 아르주나는 머리로는 받아들였지만 심장으로 받아들이지는 않았을 것이다.

크리슈나는 아마 인간이란 직접 경험하지 않은 것에 대해 잘 믿지 않으려는 속성이 있음을 알고 있었던 모양이다. 그는 신이지 않는가. 결국 그는 인간이 운명을 제어할 수 없다는 것을 아르주나가 직접 경험하도록 알게 모르게 유도한다.

『기타』에서 크리슈나는 아르주나에게 자신이 최고신임을 조금씩 천천히 알려준다. 그는 처음에 아르주나의 친구이자 마부이고, 그 다음에는 스승, 마지막에는 최고신으로 남는다. 이 과정에서 아르주나는 조바심을 낸다. 자신의 눈앞에 있는 이 영롱한 인간의 실체가 무엇인지 궁금증이 계속 늘어난다. 그 정점에서 크리슈나는 아르주나에게 자신의 권능을 보여주고, 전쟁의 운명적 결과를 보여준다.

놀라워라, 무시무시한 입 안에 끔찍한 송곳니! 그리고 그 입 안으로 빨려 들어가는 적군과 아군의 장수들! 어떤 자는 그 이빨에 낀 채 머리가 으깨져 있기도 하다!

최고신 크리슈나가 보여주는 이 광경에 아르주나는 몸서리쳤을 것이다.


크리슈나 "나는 세상의 파멸을 야기하는 무르익은 시간으로서 이즈음에서 세상을 거두어들이기 시작했다오. 심지어 그대가 아니더라도 적군에 정렬해 있는 전사들 모두 살아남지 못할 것이오.

그러니 그대는 일어서시오! 명예를 얻으시오. 적들을 정복하고서 번영하는 왕권을 누리시오. 실로 예전에 바로 내가 저들을 죽였다오.

아르주나여, 단지 수단이 되어주시오. 드로나, 비슈마, 자야드라타, 카르나도 마찬가지로 다른 전쟁 영웅들도 내가 이미 죽였으니, 그대는 죽이시오! 주저하지 마시오! 싸우시오! 그대는 전투에서 적들을 이길 것이라오."(11.32~11.34)

더 이상 무슨 말을 할 수 있을 것인가. 이 부분은 『기타』에서 가장 극적인 부분이다. 아르주나의 영혼이 크리슈나에게 완전히 복종하는 순간이다. 또한 아르주나가 운명의 비정함을 직접 체험하는 순간이다. 크리슈나의 이 놀라운 선언은 세 가지로 요약될 수 있다. 첫째, 크리슈나는 전쟁터의 적군들이 죽도록 운명적으로 예정해놓았다. 둘째, 아르주나가 싸우든 싸우지 않든 그 운명적 결과는 바뀌지 않는다. 셋째, 하지만 크리슈나는 아르주나가 싸움으로써 그 운명에 동참할 것을 원한다.

결국 전쟁의 결과는 운명적으로 결정되어 있다. 아르주나가 무엇을 할 수 있겠는가. 그가 전쟁의 결과에 개입할 수 있는 여지는 전혀 없다. 따라서 아르주나는 깨달아야 한다. '제어할 수 없는 것은 결코 제어할 수 없다'는 것을.

여기서 문제를 약간 복잡하게 만들 수도 있다. 누군가가 아르주

나가 처음에 고통스러워한 것과 마지막에 싸우려고 결심한 것조차
도 이미 운명적으로 예정되어 있지 않느냐고 묻는다면 '아니오'라
고 대답할 수밖에 없다. 또 왜 그것은 운명에서 예외가 되느냐고
묻는다면 '전쟁에서 적군들의 패배라는 큰 결과는 예정되어 있지
만 전쟁의 여러 작은 과정은 예정되어 있지 않다'라고 대답할 수밖
에 없다. 아울러 왜 결과만 예정되어 있느냐고 묻는다면 '크리슈나
가 말하듯이 이 세상은 운명적으로 파멸하게끔 되어 있고 『기타』의
시점이 바로 그 파멸이 무르익을 때쯤이기 때문이다'라고 대답할
수밖에 없다.(이 점은 나중에 더 확장된 차원에서 이야기할 것이다.)

어쨌든 『기타』는 한계를 가진 인간이란 존재가 제어할 수 없는
운명을 억지로 제어하려 해서는 안 된다고 가르친다. 이에 관한 힌
트는 『기타』의 앞부분에서도 살짝 비친다. 태어남과 죽음이라는 것
은 인간의 숙명이며 이는 누구도 피할 수 없으니 조금도 슬퍼할 필
요가 없다는 것이다.

크리슈나 "왜냐하면 태어난 것은 명백하게 죽고 죽은 것은 명백하
게 태어나기 때문이라오. 그러므로 피할 수 없는 것에 대해 그대
는 슬퍼하지 않아야 하오."(2.27)

물론 『기타』에서 제어할 수 없는 운명적인 것이란 주로 행위의
결과를 가리킨다. 행위를 한 이후에 어떤 종류의 결과가 나오든지

인간으로선 관여할 수 없다는 것이다. 아르주나는 바로 이 점을 깨우치고 나서 전쟁 이후를 예상하던 마음을 접고 전쟁에 적극 참여하기로 결정한다.

그렇다면 이제 제어할 수 있는 것은 무엇일까? 『기타』는 아르주나가 제어할 수 없는 것의 진실을 깨우치도록 했다. 남은 것은 제어할 수 있는 것의 진실이다. 이 진실을 누군가의 목소리를 빌려 들어보자.

제가 생각하기에 『기타』에서 제어할 수 있는 것은 아주 분명하게 드러납니다. 다름 아닌 욕망입니다. 인도 사상의 여러 문헌에서도 인간이 욕망을 제어해야 한다고 강하게 말하지 않습니까. 『기타』에서 행위의 요가는 두말할 필요 없이 바로 욕망을 버린 행위를 뜻합니다. 인간은 운명을 제어하지는 못하지만 자신의 욕망을 제어함으로써 마음의 평온을 얻을 수 있습니다. 마음의 평온이 곧 마음의 자유입니다. 크리슈나도 "제어된 이는 행위의 결과를 버리고서 변함없는 평온을 획득한다오. 제어되지 않은 이는 욕망에 근거함으로써 결과에 집착하여 속박된다오"(5.12)라고 말합니다. 운명을 제어하지 못한다는 걸 깨우치면서 아르주나는 행위의 결과에서 자유로워집니다. 마찬가지로 욕망을 제어할 수 있다는 걸 깨우치면서 아르주나는 행위의 결과에서 자유로워집니다.

맞는 말이다. 제어할 수 있는 것이란 욕망이다. "마치 저 거북이가 사방에서 사지를 거두어들이듯이 감각적인 대상들로부터 감각 기관들을 거두어들"(2.58)임으로써 제어할 수 있는 이 욕망을 제어한다면 아르주나는 행위의 결과에 집착하지 않을 것이다. (마치 여왕벌이 내려앉으면 다른 벌들도 내려앉듯이 욕망이 제어되면 다른 것들도 자동으로 제어된다.) 그러면 행위에서 완전히 자유로워질 것이다.

이쯤에서 의문이 하나 생긴다. 아르주나가 욕망을 제어할 수 있다는 것을 깨우쳤다고 하자. 그런데 그것을 깨우쳤다고 해서 전쟁에 적극 참여하겠다는 마음이 생길까? 운명을 제어할 수 없다는 것을 깨우쳤을 때 그는 당장 참전하는 것으로 마음을 먹었을 것이다. 하지만 욕망을 제어할 수 있다는 것을 깨우쳤을 때에도 과연 그러할까? 아주 중요한 의문이다. 그리고 이렇게 답하는 것이 최선일지도 모른다.

"운명을 제어할 수 없다는 걸 깨우침으로써 아르주나는 참전을 결심해요. 맞아요. 그런데 운명을 제어할 수 없다는 걸 깨우치고도 아르주나가 욕망을 제어하지 않는다면 어떻게 될까요?

생각해봐요. 제어되지 않은 욕망이 마구 자라나고 말 거예요. 그러면 심지어 제어할 수 없는 운명까지도 바꾸려는 욕망을 품을 수 있어요. 결론적으로 욕망을 잘 제어하는 것도 필요해요. 욕망을 제어해야만 운명적인 것으로부터 손을 털 수가 있어요."

이 말은 즉 아르주나가 참전을 결심하는 데는 두 가지 모두가 필요하다는 것이다. 제어할 수 없는 운명은 제어할 수 없다는 깨우침이 필요하고 제어할 수 있는 욕망은 제어할 수 있다는 깨우침이 필요하다. 욕망을 제어하는 식으로 최대한 자기 몫을 다하고 나서 운명의 몫으로 나오는 그 결과를 그대로 받아들여야 한다는 것이다. 진인사대천명과 크게 다르지 않다.

한 가지가 더 분명해진다. 제어할 수 없는 것은 제어할 수 없고 제어할 수 있는 것은 제어할 수 있다. 그런데 사람들은 이 둘을 뒤섞는다. 제어할 수 없는 것을 제어하려고 하고, 제어할 수 있는 것을 제어하지 않으려고 한다. 즉 운명을 제어하려고 하고 욕망을 제어하지 않으려고 한다.

『기타』의 결론은 이 둘을 뒤섞지 말라는 것이다. 제어할 수 없는 것과 제어할 수 있는 것을 분명하게 구별하면서 사는 지혜를 가지라는 말이다.


## 『기타』는 순응형 인간을 위한 텍스트인가

매력적이다. 제어할 수 없는 것과 제어할 수 있는 것에 관한 『기타』의 가르침은 충분히 그 의미를 곱씹어볼 만하다. 하지만 여기서 더 나아가 보다 색다른 시각으로 이 가르침을 헤집어볼 필요가 있다. 왜냐하면 운명을 제어할 수 없고 욕망을 제어할 수 있다는 것은 무언가 개운치 않고 음모를 품고 있는 듯 보이기 때문이다.

요점부터 말하자면 이 가르침은 힌두교 사회 내에서 삐딱하다고 간주되는 사람을 길들이는 데 무척 효과적이다. 어떻게 효과적일까?

제어할 수 없는 것은 제어할 수 없다! 제어할 수 없는 운명에 도전하려고 하지 마라. 그저 그렇게 운명의 하수인으로 살기만 하라. 또한 제어할 수 있는 것은 제어할 수 있다! 제어할 수 있는 욕망을 함부로 드러내지 마라. 그저 그렇게 순응적인 인간으로 살기만 하라. 이런 방식으로 효과적이다. 이처럼 동일한 가르침이 좋은 쪽으로도 나쁜 쪽으로도 해석될 여지가 있다.

문제는 『기타』가 이중적인 태도를 보인다는 데 있다. 『기타』는 자유로운 삶을 살라고 외치는 듯하지만, 은연중에 통제된 삶을 강요하고 있다. 그렇지 않은 척하면서 은근히 더 심하게 삐딱한 사람을 길들이려고 한다. 그리고 이러한 이중성은 아마도 힌두교의 업 karma 이론에 뿌리를 두고 있을 것이다. 힌두교 연구자를 만난다면 그는 업 이론의 기원과 내용을 다음과 같이 간략하게 정리해주리라.

"업 이론이라는 건 쉽게 생각해서 '뿌린 대로 거둔다'는 내용이죠. 사실 굉장히 합리적인 이론이에요. 이 이론은 세 가지 이유에서 만들어졌어요. 첫째는 이 세계가 우연적이지 않고 뭔가 원인과 결과로 이루어져 있다는 걸 제시하기 위해서예요. 콩 심은 데는 콩이 나야지 팥이 나면 안 되잖아요. 둘째는 이 세상의 불공평함을 설명하기 위해서예요. 누구는 부자로 태어나고 누구는 가난뱅이로 태어나는 그러한 차별을 설명하고 싶은 거죠. 셋째는 숙명이 아닌 자유의지로 삶을 살아갈 수 있음을 확인시키기 위해서예요. 이 부분이 매우 중요하죠. 현재의 삶이 과거에 뿌린 것 때문에 결정된다면 그건 숙명론이에요. 하지만 현재에 무엇을 뿌리느냐에 따라 미래가 결정된다면 이건 자유의지잖아요. 그래요. 업 이론은 확정된 운명을 조금은 받아들이되 자유의지로써 새로운 운명을 만들어가기 위해 처음 창안된 건데 어쩌다 보니 운명에 순종하는 이론으로만 잘못 알려지고 말았어요."

애당초 업 이론은 숙명론적인 사고방식보다 운명을 개척하는 사고방식에 더 가까웠다. 새로운 씨앗을 잘 뿌리기만 하면 언젠가 훨씬 나은 열매를 딸 수 있다는 것이었다.

그러나 이 이론은 점차 두 가지 측면에서 숙명론이 되었다. 하나는 현재의 고통을 참으면 그 결과로 더 좋은 세상이 오므로 현재의 고통을 숙명인 양 여기면서 인내하라는 것. 다른 하나는 현재의 모든 삶은 나름대로 다 이유가 있고 가치가 있으므로 현재의 위치를 숙명인 듯 수용한 채 만족하라는 것이다.

그리하여 업을 곧 숙명이라고 여기게 되니 어떤 결과가 나올까? 매우 적극적으로 운명에 도전하던 인생관은 사라지고 그 운명에 대해 체념하는 인생관이 나타난다. 업은 반드시 벗어나야만 하는 것이 된다. 업은 굴레가 되고 속박이 된다. 자유의 반대말이 되는 것이다. 급기야 업 자체가 고통이다.

『기타』는 바로 이 지점에서 등장한다. 그리고는 업의 고통을 덜어줄 해결사인 양 해결책을 제시한다. 그것은 바로 해탈이라고 불리는 자유이다. 『기타』는 지혜의 요가, 행위의 요가, 사랑의 요가를 통해 자유를 얻을 수 있다고 알려준다. 이 자유는 업의 운명 속에서 업의 운명을 넘어서려는 몸짓이다. 마치 아르주나에게 행위 속에서 행위로부터의 자유를 가르치듯이 운명 속에서 운명으로부터의 자유를 가르치는 것이다.

이렇게 『기타』는 자유로운 삶을 제시한다. 하지만 그 이면에 사람들의 삶을 통제하려는 의도를 감춘다. 업에서 자유로워질 수 있다고 외치는 듯하지만 또 한편으로 업을 이용하여 사람들이 체념하도록 유도한다. 주어진 숙명에 체념하며 살아가라고 압박하는 것이다. 그래야만 안정된 사회가 계속 유지될 수 있다.

어쩌면 누군가는 다음과 같이 말할 것이다.


"자유를 외치는 목소리가 크면 클수록 그만큼 구속을 강화하려는 의도가 숨어 있을 가능성도 더 높아지죠. 더 강하게 구속하기 위해서는 자유의 달콤함을 담은 희망의 찬가를 계속 틀어주는 법이니까요. 그래서 『기타』는 자유의 창문을 열어놓고 있는 듯하지만 좁은 창문으로 빠져나가려는 사람을 열심히 다시 불러들이죠. 그를 운명의 하수인으로 만들고 순응적인 인간으로 만들기 위해서에요."

지나친 확대해석일까? 아니다. 오히려 많은 사람이 수용할 만한 일반적인 해석이다. 이런 맥락 아래 『기타』에서 다음과 같은 특성을 발견할 수 있다.

첫째, 『기타』는 운명을 제어할 수 없다고 가르침으로써 숙명에 체념하는 인간을 찬양한다. 크리슈나는 아르주나에게 전쟁의 결과가 운명적으로 예정되어 있다고 선언하지 않는가. 아르주나와 같은 위대한 인간도 신의 수단에 불과하다고 하는데 도대체 누가 감히 운명에 맞설 수 있을까. 최고신의 이 선언에 저항할 길이 없다. 모두 자기 분수에 맞게 스스로의 자리를 지키며 살 수밖에 없다.

"신적인 성향은 자유로, 악마적인 성향은 속박으로 이끈다고 생각하오. 아르주나여, 그대는 신적인 성향으로 태어났으니 슬퍼하지 마시오."(16.5)

타고난 것을 돌이키는 건 거의 불가능하다. 좋은 운명과 나쁜 운명조차 정해져 있다.(주인공인 아르주나는 당연히 좋은 운명으로 태어났다.) 그러므로 운명을 벗어날 길은 없다.

둘째, 『기타』는 욕망을 제어할 수 있다고 가르침으로써 규율에 복종하는 인간을 찬양한다. 누군가 이상한 욕망을 품으면 한 사회의 조화로움이 깨질 수 있다. 그러니 욕망을 통제해야 하고 그럼으로써 모든 사람이 복종하도록 만들어야 한다. 쓸데없는 욕망을 가진 사람은 '모난 돌이 정 맞는다'는 말처럼 비난받아야 마땅하다. 개인의 욕망은 억누른 채 그저 세상이 시키는 대로 군말 없이 살아가는 것이 좋다.

"법전의 명령(가르침)을 내버린 채 욕망에 따라 행하는 자는 완성에 도달하지 못하고 행복이나 지고한 목적지에도 도달하지 못한다오."(16.23)

크리슈나의 이 말은 다음의 두 가지를 암시한다. 하나, 반드시 행해야만 하는 행위 이외에 다른 행위들을 결코 행해서는 안 된다('반드시 행하지 말아야만 하는 행위'도 '반드시 행해야만 하는 행위'에 포함된다. 행하지 말아야만 하는 것을 행해야만 하기 때문이다. '금지하는 명령'이 '명령'에 포함되는 것과 같은 이치다). 다른 행위들은 추악한 욕망과 결탁되어 있기 때문이다. 둘, 반드시 행해야만 하는 행위를 하는 자는 행복이나 지고한 목표에 도달할 수 있다. 욕망을 따르지 않음으로써 복을 받기 때문이다.

오직 욕망을 부정하는 방식으로만 좋은 것을 성취할 수 있다니! 좀 고리타분한 생각일지도 모른다. 그러나 이 고리타분한 생각이야말로 고대 인도에서 혁혁한 성과를 올렸다. 기막힌 위장술을 통해서다. 그냥 욕망을 통제하고 억제하라고 말하면 역효과가 날 수 있으니, 거부감 없는 방식을 통해 고대 인도인을 휘어잡았다.

앞 장에서 이야기했지만 『기타』에서 행위의 요가란 결과에 집착하지 않는 행위의 기술이요 욕망을 다스리는 행위의 기술이다. 이 행위의 요가조차 욕망을 철저하게 제어하기 위한 의도를 은근히 숨기고 있다.

인도의 재가자와 출가자 사이에 오갈 법한 다음의 대화는 그러한 의도를 살짝 드러내 보인다.

재가자 우리처럼 가정을 지키는 사람들에게 왜 이리 의례가 많은지 모르겠군요. 매일 의례를 다하느라 숨을 헐떡일 지경이에요.
출가자 출가한 사람들은 그보다 훨씬 더 많은 규율 속에서 살고 있답니다. 자유를 얻으려면 그만큼의 규율도 필요한 법입니다. 중요한 건 그러한 의례들에 마음을 빼앗기지 않는 자세 아니겠습니까.
재가자 그러려고 하지요. 하지만 아침, 정오, 저녁에 예배드리기, 목욕하기, 신에게 공물 바치기, 불의 제의 행하기 등과 같은 정기적 의례들과 보름달 행사, 침묵의 날, 아이의 통과의례 등과 같은 부정기적 의례들을 보세요. 이것들을 한다고 해서 어떤 보상이 있기나 한가요? 전혀 없어요. 그렇지만 행하지 않으면 큰 화근이 생긴다고들 말하잖아요. 행한다고 해도 아무런 결과가 없고 행하지 않으면 절대 안 되는 그게 바로 의례들이죠.

출가자 좋은 지적입니다. 여러 의례 중에서 행한다고 해도 아무런 결과가 없고 행하지 않으면 절대 안 되는 그런 특별한 의례가 꽤 있습니다. 정기 의례와 부정기 의례입니다. 이런 특별한 의례는 형식적으로 하는 것 같아서 귀찮을 수도 있을 겁니다. 하지만 우리의 전통과 관습을 잘 지키기 위해서 손해 보는 느낌이 있더라도 그런 의례는 반드시 행해야 하지 않겠습니까.

재가자 답답하네요. 특별한 의례를 행해도 보상으로서의 아무런 결과를 얻지 못하고 또 그걸 그만둘 수도 없는 심정을 모르시네요. 다른 의례들을 보세요. 행하기만 하면 보상으로서의 결과가 나오고 행하지 않아도 화근이 전혀 없잖아요. 반면에 특별한 의례는 반드시 의무적으로 행해야만 해요. 선택의 여지가 없어요. 보상이 없음에도 행하지 않으면 화근이 생기니까요. 그러니 특별한 의례와 같은 건 보수적인 권력자들이 일반 사람들을 규율 속에 가두기 위해 만든 함정 같아요. 어쩔 수 없이 의무적으로 행하는 게 습관이 되면 어떻게 되겠어요? 삐딱한 욕망을 가진 사람들조차 아주 조용하게 말을 잘 듣게 되지 않겠어요?

그렇다. 삐딱한 욕망을 가진 사람들조차 말을 잘 듣게 될 것이다. 그런데 '행한다고 해도 아무런 결과가 없고 행하지 않으면 절대 안 되는' 의례라고 하는데, 이 의례는 무엇을 떠올리게 하는가. 행위의 요가이다. 행위의 요가는 '반드시 행위를 해야 하지만 행위를 한다고 해서 아무런 결과도 생기지 않는' 행위이기 때문이다. 기묘하게도 이 행위의 요가는 특별한 의례와 닮아 있는 것이다.

행위의 요가마저 음모를 깔고 있다는 말이다. 행위의 요가는 은근히 평범한 인도 사람들에게 자유로운 삶의 길을 주는 것처럼 포장되어 있지만, 다른 관점에서 보면 은근히 그 일반 사람들의 욕망을 통제하고 구속하는 삶의 길에 지나지 않는다.

예로부터 전해 내려오는 그런 특별한 의례를 고분고분 따라 한다면 어디에 새로운 욕망이 있고 어디에 결과를 향한 집착이 있겠는가. 그러니 의무처럼 주어진 특별한 의례를 고급스럽게 위장한 것이 결국 행위의 요가이지 않겠는가.(이 둘은 겹치기 때문에 『기타』에서 행위의 요가를 듣고 고개를 끄덕일 때마다 자동적으로 특별한 의례를 준수해야 한다는 마음도 더 강해진다.)

규율에 복종하면 적어도 뜬금없이 큰 해는 입지 않는다는 것, 단지 이 정도의 약속만으로 『기타』는 사람들의 욕망을 성공적으로 제어함으로써 사람들을 규율에 복종시킬 가능성을 확보한다. 이리하여 삐딱한 사람을 길들이는 데 『기타』는 여러모로 공조하고 있는 셈이다.

제어할 수 없는 것은 제어할 수 없다는 가르침. 이는 삶의 모든 것이 결정되어 있으니 순종하라는 가르침이다. 제어할 수 있는 것은 제어할 수 있다는 가르침. 이는 그 사회에서 허용되는 욕망만 추구하라는 가르침이다.


## 아름다운 자작극을 폭로하며

『기타』에도 삐딱한 사람이 하나 등장한다. 이 사람은 제어할 수 있는 것과 제어할 수 없는 것에 관한 『기타』의 가르침에 전혀 들어맞지 않는 사람이다. 운명에 굴복하지 않으며 마음껏 욕망을 발산한다. 그는 『기타』의 1장 앞부분에서 눈 깜짝할 새 나타났다가 사라지는 두르요다나다.

"그때 두르요다나 왕은 판두 아들들의 정렬된 군대를 보고 나서 스승에게 다가가 말을 했습니다. 스승이시여 보십시오! 당신의 지혜로운 제자인 드루파다Drupada의 아들에 의해 정렬된, 판두 아들들의 저 거대한 군대를."(1.2~1.3)

두르요다나는 『기타』의 무대에 등장하여 양 군대의 장수들을 차례대로 소개하고 곧장 퇴장한다. 자기편의 군대가 더 많음에도 아르주나 편의 군대가 더 많다며 소심한 모습을 보이기도 한다.(군대의 규모는 11대 7 정도로 두르요다나 왕 측이 우세하다.) 그리고 나서 그는 더 이상 『기타』에 등장하지 않는다.

두르요다나가 누구인가! 그는 아르주나의 다섯 형제를 평생 괴롭힌 백 명의 사촌들 가운데 맏아들이자 적국의 왕이다. 그러한 그는 과연 어디로 가버렸을까? 이는 어느 장소로 갔는지를 묻는 게 아니다. 왜 『기타』에 다시 등장하지 않는지 묻는 것이다.

일단 전통적으로 또 일반적으로 두르요다나가 어떻게 평가받는지 궁금하다.

다음은 사람들의 선입견이 얼마나 강한지 보여주는 간단한 사례이다. 『마하바라타』의 독자들이 나누는 대화라고 생각하면 된다.

"그는 아르주나의 다섯 형제를 평생 괴롭혔죠. 착한 사람들을 괴롭혔으니 그는 악당이에요."

"그런 짓을 한 것 이외에 또 어떤 나쁜 짓을 했나요?"

"음, 다른 건 별로 생각이 나지 않는걸요."

"혹시 두르요다나가 아주 모범적이고 훌륭한 왕이었다는 점은 아시나요?"

"얼핏 들은 것 같기는 한데, 그렇다고 그의 나쁜 짓이 사라지진 않잖아요."

이처럼 그는 좋지 못한 평판을 얻고 있다. 그런데 두르요다나는 좋은 의미에서 삐딱한 사람이다. 그는 운명에 굴복하지 않으며 마음껏 욕망을 발산하는 사람이다. 『기타』의 가르침에서 벗어나 있는 특이한 사람이라 할 수 있다.

두르요다나가 보여주는 운명애運命愛를 좋아하는 사람이라면 아마 두르요다나라는 인간을 다음과 같이 평가할지도 모른다.

"두르요다나는 전쟁의 마지막 날에 자기편의 장수들을 모두 잃고 호수에 숨지만 곧 발각됩니다. 그래서 아르주나의 형인 비마와 곤봉으로 서로 결투를 벌입니다. 두르요다나는 오랫동안 곤봉싸움을 위해 피나는 훈련을 해왔기에 비마의 머리를 때리면서 거의 승리를 목전에 둡니다.

그런데 비마는 허리 아래를 가격해서는 안 됨에도 두르요다나의 넓적다리를 공격하여 역전시키고 또 죽어가는 그의 머리를 발로 차버립니다. 이처럼 전쟁에서는 아르주나 측에서 불명예스러운 짓을 더 많이 했습니다.

어찌됐든 죽어가면서도 두르요다나는 측근에게 전쟁에서 패한 원인이 크리슈나의 간계奸計와 신비한 힘 때문이라고 결론을 내립니다. 만약 정직하게 싸웠다면 자신의 편이 승리했을 거라고 말합니다. 또한 그는 마지막까지 크리슈나가 신이라는 것을 인정하지 않습니다. 이 점은 크리슈나도 알고 있습니다. 게다가 그는 전쟁

이전에 크리슈나와 크리슈나의 군대 가운데 하나를 선택해야 할 때 후자를 선택했습니다. 그는 이 선택 때문에 패배했지만 결코 이 선택을 후회하지도 않습니다. 두르요다나는 자신의 종말이 위대하다고 선언하기도 합니다."

이것이 『마하바라타』를 통해 알려지는 내용이다. 이 정도면 그가 어떤 유형의 인간인지 어느 정도 짐작이 된다.

정리해보면 두르요다나는 운명에 쉽사리 굴복하지 않는 전형적인 유형이며 강직하고 집념이 강하며 도전적이고 자기애도 강한 사람이다. 말로 설명할 수 없는 무언가를 더 가진 초인 지향적인 인간 유형이라고 할 수 있다.

두르요다나는 또한 자신의 욕망에 매우 충실한 사람이다. 작은 아버지의 자식이 왕권을 물려받는 것에 솔직한 불만감을 드러낸다. 왕권에 대한 욕심 때문에 사촌들을 살해하려고도 한다. 왕이 된 이후에 나라를 잘 다스리면서도 사촌들에게는 철저하게 적대적이다. 전쟁 이전에 타협도 가능했지만 전쟁을 통해 자신이 확실하게 최후의 승자가 되기를 꿈꾼다.

하지만 두르요다나는 『기타』에 잠시 필요한 사람에 지나지 않는다. 그는 단지 아르주나의 등장을 예고하기 위해 아주 짧게 나타났다가 사라진다. 무엇 때문일까? 주인공을 더 돋보이게 하기 위해서다. 『기타』는 최고신이 모범적인 인간에게 더 잘 살 수 있는 방법을 알려주는 책이 아닌가. 그러하니 모범적인 주인공이 등장하기 이전에 삐딱한 인물 하나가 길을 닦아놓는 것이다.

이 때문에『기타』는 명백히 삐딱한 사람을 길들이고자 하는 목적을 가진다.『마하바라타』전체에서 두르요다나는 가장 괴상망측한 사람으로, 반면 아르주나는 가장 정의로운 사람으로 그려져 있다.『기타』는 마치 거인 프로크루테스가 침대에 적합하지 않은 사람을 잘라버리듯이 삐딱한 두르요다나를 무대 뒤로 밀어낸 뒤에 모범적인 아르주나를 무대 위로 끌어올린다. 두르요다나와 달리 아르주나는 잘 길들여져 있고 잘 길들여질 사람이기 때문이다(이 부분은 과도한 해석일 수 있다. 하지만 이어지는 해석을 더 돋보이게 하기 위해 의도직으로 그렇게 했다).

물론 문제는 여기서 그치지 않는다. 이번에는 아르주나가 문제를 일으킨다. 모범적인 인간인 그가 갑작스럽게 삐딱한 태도를 보인다. 두르요다나는 처음부터 삐딱하지만 아르주나는 그렇지 않다가 우연한 계기로 삐딱한 모습을 보인다. 산전수전 다 겪은 최고의 장수가 전쟁터의 한중간에서 싸우지 않겠다고 하니 이보다 더 삐딱할 수는 없는 노릇이다.

이에 크리슈나는 온 정성을 다하여 아르주나를 원래의 모범적인 인간으로 돌려놓으려고 애쓴다. 크리슈나가 심지어 신들조차도 보지 못하는 자신의 장엄한 모습을 아르주나에게 보여줄 때 그의 노력이 얼마나 가열했는지 짐작할 수가 있다. 그리하여 결국에 크리슈나는 아르주나의 마음을 되돌린다.

크리슈나 "아르주나여, 그대는 마음을 집중하여 이것을 들었소?
아르주나여, 무지에 의한 그대의 미혹이 소멸되었소?"(18.72)
아르주나 "크리슈나여, 저는 당신의 은총으로 말미암아 미혹이
소멸되었으며 본래의 생각을 얻었습니다. 의심이 사라졌으며 확고
해졌으니 당신의 말씀을 행할 것입니다."(18.73)

이건 전형적인 기승전결 구조를 따르는 온전한 결말이다. 처음
에 아르주나는 단호하게 싸우지 않는다고 하고(기), 크리슈나는 열
심히 설득하지만 아르주나는 시큰둥하고(승), 그러다가 아르주나
는 크리슈나의 황홀한 신성을 경험한 뒤에(전), 마침내 아르주나가
싸우겠다고 하면서 대단원의 막이 내린다(결). 마치 애당초에 계획
한 듯이 잘 짜인 시나리오다.
『마하바라타』의 이야기와 연관지어 『기타』의 이야기를 따져볼 때
두 군데가 상당히 의아하다. 하나는 아르주나와 같은 위대한 장수
가 전투를 거부한다는 점이다. 다른 하나는 크리슈나가 아르주나
에게 자신의 황홀한 신성神性을 보여주는 대단한 특혜를 부여한다
는 점이다. 의아스럽기는커녕 이 두 부분이 매우 그럴듯하다고 여
길 수도 있겠다. 하지만 이야기 전개상 이 두 부분은 억지스러운
면이 있다. 마치 『기타』의 이야기를 『마하바라타』에 삽입하기 위해

억지로 짜 맞춰 넣은 부분 같다. 짜 맞춘 이야기 같기 때문에『기타』의 시나리오는 확실히 잘 짜여 있다. 아이러니하게도 너무나 견고하게 짜여 있기 때문에 자작극 같다는 느낌을 지울 수가 없다.

연출가와 작가를 불러와 과연 자작극 같은지 그 생생한 평가를 들어보도록 하자.


연출가 힌두 사회에서 가장 모범적인 인간형인 아르주나가 체제에서 일탈하려는 모습을 먼저 보여주는 거죠. 마치 체제를 비판하는 듯한 위치를 부여하는 거예요. 그러고 나서 마지막에는 다시 체제로 복귀하여 순응하는 모습을 보여주는 거죠. 뭐 대강 그런 시나리오가 아닐까요.

작가 그러니까『기타』는 일종의 '모범 인간으로 길들이기 프로젝트'인 셈이군요.

연출가 그럴싸한 표현이네요. 그리고 모든 것이 한 편의 드라마 같은 설정이기 때문에 '아름다운 자작극'이라고 부를 수도 있겠죠. 두르요다나처럼 체제에 매우 위험스러운 인물을 설정한 다음 앞부분에 가볍게 등장시키고 나서 내버려둔 채로 전혀 관심을 가지지 않아요. 이 냉담한 무관심은 길들이기의 일종이라고 볼 수 있겠죠. 그다음에는 아르주나처럼 체제 내에서 약간 위험스러운 인물을 설정해요. 이 인물을 길들이는 데는 아주 적극적이죠. 그러니『기타』는 설정된 이 두 인물을 통해 힌두교도들을 길들이려는 자작극이라고 할 수 있어요.

작가 아마 그 당시 힌두 사회에는 위협이 되는 요소들이 꽤 많았을 거예요. 두르요다나의 경우에는 힌두가 아닌 다른 종교를 믿는 사람이나 힌두의 법도를 부정한 사람으로서, 말하자면 힌두 사회 바깥의 위협적인 타자를 상징하지 않을까요? 아르주나의 경우는 좀 다르겠네요. 힌두의 법도를 잘 따르는 듯하고 힌두 사회의 주변부에 속하지만 가끔 힌두 사회에 균열을 내려고 하는 사람으로서, 말하자면 힌두 사회 내부의 타자를 상징하지 않을까요? 크리슈나는 뭐 당연히 힌두 사회의 중심 세력을 상징하겠고요. 그는 외부와 내부의 타자들을 차례대로 잘 길들임으로써 힌두 사회를 더욱 공고하게 하는 역할을 맡은 거지요.

연출가 재미있는 설명이에요. 어쨌든 『기타』는 미리 결론을 정해놓고 그 결론에 모든 상황을 꿰맞춘다는 혐의를 벗어나기 힘들 거예요.


어쩌면 『기타』를 이렇게 난도질하는 것은 종교적 성전을 감히 모독하는 것일 수도 있다. 하지만 사회적이고 문화적인 배경에서 『기타』를 읽을 때 이러한 난도질은 오히려 조금도 놀랍지 않은 평범한 해석일 수 있다. 『기타』가 '모범 인간으로 길들이기 위한 아름다운 자작극'이라는 해석이 매우 그럴듯하게 들릴 수도 있다는 말이다.

크리슈나가 "또한 세상의 복리마저도 고려하면서 그대는 행해야 한다오"(3.20)라고 덧붙이는 까닭도 이러한 맥락에서다. 세상의 복리를 위해 행위를 하라는 것은 힌두 사회라는 공동체에 해가 되는 행위를 결코 하지 않은 채 모범 인간으로 조신하게 살기만 하라는 뜻이다.

이제 시선을 돌려 힌두 사회의 중심인물인 크리슈나를 주목해보기로 하자. 크리슈나는 힌두교도를 길들이는 주체이다. 과연 그는 어떠했을까? 운명과 욕망 사이에서 절묘하게 줄타기를 잘했을까? 18일 전쟁이 끝난 뒤 크리슈나는 고향으로 돌아가는 길에 우탕카Utaṅka라는 위대한 수행자를 만난다. 크리슈나가 최고신이라는 걸 알고 있는 우탕카는 전쟁으로 치달을 지경인 사촌끼리의 불화를 크리슈나가 중재할 수 있지 않느냐고 묻는다. 그는 전쟁이 벌써 일어났고 끝났다는 사실을 모르고 있다. 크리슈나가 사실대로 말하자 우탕카는 깜짝 놀라 이렇게 묻는다.

"당신은 왜 전쟁을 막지 않았습니까?"

책망을 당한 크리슈나가 대답한다.

"진행되고 있는 일은 그 누구도 멈출 수 없습니다. 한번 시위를 떠난 화살이 목표물까지 멈추지 않고 날아가는 것과 같습니다."

그리고 한때 크리슈나는 자신이 18일 전쟁에서 이기기 위해 속임수를 썼다고, 또 아르주나 측이 전쟁에서 승리한 것은 그저 행운에 불과했다고 고백한 바 있다.

만약 크리슈나가 전쟁을 막을 수 없었다면(막을 수 없었다), 최고신조차도 세계의 거대한 운명에 종속되는 것일까? 그런데 만약 크리슈나가 속임수를 썼다면(썼다), 최고신조차도 전쟁에서 승리하려는 욕망에 끌려들어간 것일까? 결국 크리슈나 스스로 연극 무대인 이 세상을 창조했지만 그 자신도 무대 위에서 함께 공연하고 있는 셈일까? 제어할 수 없는 것과 제어할 수 있는 것을 다루는 일이 어렵다는 것을 무대 위에서 그 자신이 몸소 보여주고 있는 셈일까?

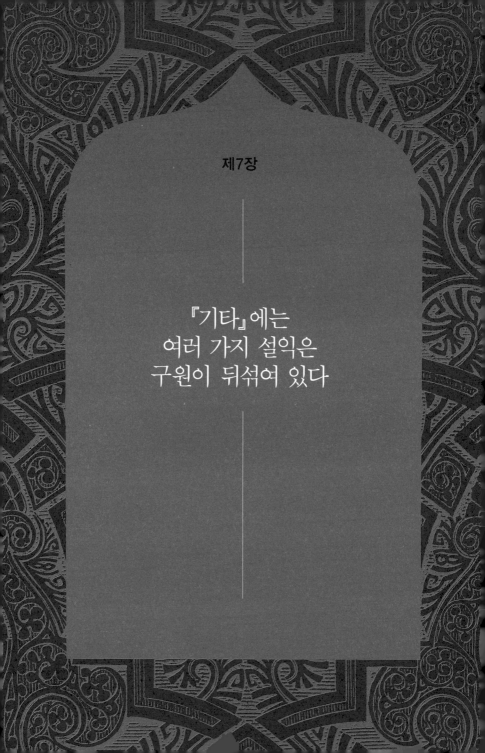

제7장

『기타』에는
여러 가지 설익은
구원이 뒤섞여 있다

크리슈나가 말한다.

"아르주나여,

네 종류의 사람들이 선행을 하며 나를 사랑한다오.

고통에 처한 사람,

지혜를 구하는 사람,

재물을 원하는 사람,

지혜로운 사람이라오.

아르주나여,

이 가운데 지혜로운 사람은

항상 제어된 채로 하나만을 사랑하는 뛰어난 자라오.

지혜로운 자에게 나는 지극히 소중하고

그도 나에게 지극히 소중하기 때문이라오."

(7.16~7.17)

『기타』는 구원의 패러다임을 바꿨는가

　인도를 둘러싼 몇 가지 지독한 오해 가운데 하나가 인도는 후진
적 종교를 가진 나라라는 것이다. 인도의 무수한 신, 암소 숭배, 상
징과 우상, 이상한 언어로 가득한 교리, 기괴한 몰골의 종교인들.
대개 이런 이미지의 덜 떨어진 하등下等 종교가 인도인을 영원히
구제 불능의 상태로 만든다는 인식이다.
　하지만 최근에는 다음과 같은 생각이 점차 일반화되고 있을 것
이다.

　"아니에요. 저도 인도 문화를 꽤 오랜 시간 되새김질해보았는데
그 어떤 것에도 후진적이라느니 하등이라느니, 그런 꼬리표를 붙

일 수 없겠더라고요. 인도 종교는 오히려 세련된 측면이 더 많아
요. 또 그 기발하고 창의적인 생각은 무언가 새로운 전망을 줄 것
만 같더라고요."

혹 누군가가 『기타』를 직접 읽는다면 어떤 반응을 보일까? 힌두
교에 대한 오해가 사라질까 아니면 여전할까? 미리 말하지만 『기
타』는 일신교를 표방하고 있다.(흔히 힌두교의 전유물인 양 알려져 있
는 다신교가 아니다.) 다신교와 일신교는 인도 종교에서 두루 나타나
고 그 중간 형태까지 나타나지만 『기타』는 확실하게 일신교의 가르
침을 제시한다. 그것도 서구의 기독교와 거의 다를 바 없다.

그 하나의 신은 바로 비슈누 신의 아바타[30]인 크리슈나다. 현재
인도에서 압도적으로 많은 사랑을 받는 신이 이 크리슈나다.

인도의 위대한 신인 비슈누는 세상이 위기에 처할 때마다 독특
한 모습을 하고는 세상을 구원하러 내려온다. 크리슈나는 이 비슈
누의 여덟 번째 아바타로서 검은 피부의 사람이다.(붓다 또한 힌두교
도들에게는 비슈누의 아홉 번째 아바타에 다름 아니다.) 비슈누는 『마하
바라타』의 시기에 인간의 법도가 땅에 떨어지자 더 이상 쇠락하는
것을 막기 위하여 크리슈나의 모습으로 내려온 것이다.

[30] 요즈음 흔히 자주 쓰는 '아바타'는 화신을 뜻하는 산스크리트어 '아바타라avatāra'에서 나
왔다.

역시 종교의 핵은 구원이다. 구원이 없으면 종교는 더 이상 종교가 아니다. 이처럼 『기타』는 세상을 구원하기 위해 인간의 모습으로 내려온 크리슈나라는 신을 받아들이며 그 신이 인간에게 전하는 구원의 복된 말씀을 받아들인다. 익숙하지 않은가. 기독교와 형식상 매우 유사하고 내용상 약간 상이할 뿐이다. 물론 두 종교의 문화적 배경이 많은 차이를 보인다는 점은 인정해야 한다.

그런데 기독교에서 예수의 등장이 획기적이었던 것처럼 힌두교에서 크리슈나의 등장도 획기적이다. 인도의 종교사에서 붓다의 등장이 한 번의 종교 개혁이었다면, 『기타』에서 크리슈나의 등장은 또 한 번의 종교 개혁이라고 부를 수 있을 정도이다. 인도 고대 종교에 대항하여 붓다가 영원불멸의 형이상학을 무너뜨렸다면 크리슈나는 그 속물스러운 세속의 신학을 무너뜨렸다. 크리슈나가 실제의 인물이든 아니든 (그는 한 작은 지방의 영웅으로서 실존 인물이었을 가능성이 다분하다), 『기타』에서 그의 등장이 가져온 파급 효과만을 따질 경우에 그러하다는 말이다. 이처럼 『기타』는 힌두교의 역사에서 더할 나위 없이 중요하다. 왜냐하면 종교 개혁의 목소리가 『기타』의 곳곳에 알알이 새겨져 있기 때문이다.

무엇에 대한 개혁일까? 고대 인도의 '브라흐만 종교'(바라문교로로 불리기도 한다)에 대한 개혁이었다. 그 종교는 어떠했을까? 한마디로 속물스러웠다. 고대의 브라흐만 사제들은 제식이나 제의에 미쳐 있었다. 그들은 제식을 통해 모든 것을 이루려고 했다. 제식을 통해 신의 축복을 얻을 수 있고 비가 오게 할 수 있고 아들을 낳도록 할 수 있다고 믿었다. 심지어 그들이 신에게 제식을 올리지 않으면 신조차도 힘을 상실해버린다고 믿을 정도였다. 이런 점에서 그들은 신보다 더 위대했다. 그때는 제식만능주의의 시대였다. 그래서 그들은 속물스러웠다. 나쁘게 말해 브라흐만 사제들은 일종의 천국 중개상이요 행복 판매상이었다.

다음은 고대 인도의 브라흐만 사제라면 쉽게 내뱉을 수 있는 그런 종류의 말일 것이다.

브라흐만 우리는 제식을 통해 모든 걸 성취할 수 있답니다. 죽은 뒤에 천국에 가는 것도 우리는 예약해줄 수 있습니다. 이 생애에서 행복해지는 것을 바라나요? 우리에게 오면 쉽게 해결됩니다. 당신들은 아무것도 알 필요가 없답니다. 그저 우리를 통해 모든 걸 얻을 수 있다면 그걸로 충분하지 않습니까?

제식이란 무엇인가. 그건 바로 형식에 얽매여 있는 것이다. 제식의 형식이 복잡하면 복잡할수록 보통 사람들은 모든 것을 사제에게 맡겨버린다. 그러니 사제는 신과 인간의 중간에서 매개자 역할을 하며 엄청난 이득을 챙긴다. 신성해야 할 사제가 속물과 다르지 않게 되는 셈이다.

그러면 그 당시에 신은 어떠했을까? 당시에 보통 사람들이 신을 숭배하고 사랑하는 방식은 어떠했을까? 당시의 신은 '대문자 신 God'이 아니라, '소문자 신god'이었다. 하나의 위대한 신이 아니라 각각의 영역만을 관장하는 소박한 여러 신이었다. 그러니 사제는 각각의 신에게 적합한 방식으로 제식을 행할 뿐이었다. 풍년을 기원할 때는 땅의 신에게, 병이 낫기를 기원할 때는 건강의 신에게 기원하는 식이었다.

당시의 사람들은 이 소박한 신들에게 공물을 바침으로써 대가를 얻으려고 했다. 아무것도 바치지 않으면 대가 역시 없었다. 그리하여 그들은 진심어린 마음으로 신을 숭배하거나 사랑하지 않았다. 예를 들어, 사제가 주문을 읊더라도 그게 무슨 뜻인지 알려고도 하지 않았다. 마음과 감정이 없는 숭배나 사랑에 불과했다. 크리슈나도 "그들은 규칙을 어기면서 거짓으로 이름뿐인 제식들을 행한다오"(16.17)라고 말하지 않던가. 신 또한 인간에게 모든 것을 나눠주지 않고 그저 자신의 일부만을 나눠줄 따름이었다.

바로 이것이 인도에서 신을 숭배하고 사랑한 어떤 풍경이었다. 요컨대 제식을 통해 신을 달래는 것으로서, 신의 일부만을 얻는 것이 『기타』이전 시대에 신을 숭배하고 사랑하는 방식이었다. 그리고 『기타』에서부터 다음과 같은 새로운 풍경이 등장하기 시작한다.

하나. 여러 신을 숭배하지 않고 최고신만을 숭배한다. 비슈누의 화신인 크리슈나가 그 숭배의 대상이다. 둘. 최고신은 인간에게 공물을 요구하지 않는다. 따라서 인간은 그에게 공물을 바치지 않아도 된다. 신은 물질적인 것을 원하지 않는다. 셋. 최고신이 원하는 것은 단 한 가지이다. 진심어린 마음으로 신을 믿고 의지하는 것, 즉 사랑뿐이다. 인간이 신에게 바쳐야 하는 것은 오로지 감정뿐이다. 브라흐만 종교에서 사제들만 독점하여 쓰던 그 어려운 언어는 이제 누구나 다 가지고 있는 마음과 감정의 언어로 대체되고만다.

『기타』에서 이 변화된 풍경에 대한 하나의 예를 찾아볼 수 있다.

"지고한 사랑을 행하고서 나를 사랑하는 자들에게 이 궁극의 비밀을 말하는 자는 의심 없이 바로 나에게 올 것이오. 사람들 가운데 나에게 그보다 더 소중하게 행하는 자는 그 누구도 없고 지상에서 나에게 그보다 더 소중한 자는 그 누구도 없을 것이오." (18,68~18,69)

크리슈나는 이 세상에서 자신에게 가장 소중한 사람이 누구인지 말한다. 먼저 신에게 지고한 사랑을 행하는 자이다. 그리고 평범하게 신을 사랑하는 사람들에게 궁극의 비밀을 알려주는 자이다. 궁극의 비밀은 무엇일까? 바로 크리슈나에게 의지하면 구원을 얻을 수 있다는 것이다. 평범하게 신을 사랑하는 사람들은 이 비밀을 듣고서 지고한 사랑을 행하게 될 것이다. 요컨대 크리슈나를 지고하게 사랑하고 크리슈나가 구세주라는 것을 알리는 자는 크리슈나에게 가장 소중한 사람이다.

이것이 소위 후대에 '크리슈나 박티Kṛṣṇa bhakti㉚'라고 불리게 되는 크리슈나에 대한 사랑이다. 크리슈나에 대한 사랑은 이처럼 『기타』에서 시작된다. 크리슈나가 인도에서 가장 사랑받는 신이 되는 순간이자 『기타』가 인도에서 가장 사랑받는 경전이 되는 순간이다.

다음은 크리슈나 신이 『기타』에서 어떻게 신과 인간 사이의 새로운 관계를 창시했는지 고백하는 말이다. 상상이지만 현실에 가까운 고백이다.

크리슈나 내가 등장하기 이전까지 인도에는 사랑이라는 감정을 통해 신을 숭배하는 방식이 거의 없었습니다. 계산적인 머리와 달콤한 혀를 가진 사제들이 신을 팔아서 물질적인 부를 누리고 있었습니다. 그러니 보통 사람들은 아마도 새로운 신이 나타나기를 꿈꾸었을 것입니다. 내가 "신들에게 제사 드리는 자는 신들에게 가고 나를 사랑하는 자는 나에게 온다오"(7.23)라고 말한 바와 같습니다. 나는 단지 최고신이란 어떤 존재이고 그 신이 인간을 얼마나 소중하게 여기는지 알려주려고 했을 뿐입니다. 신과 인간 사이에 조건 없는 관계를 말하는 것입니다.

㉚ 박티bhakti란 나뉘진 것이 나눠지지 않았을 때의 본래 상태로 되돌아가려는 마음을 뜻한다.

『기타』에서 아르주나를 한번 생각해봅시다. 그는 자신에게 과도하게 친절한 나를 여러 번이나 의심했습니다. 왜 그랬다고 생각합니까? 신에게 공물 따위를 바치지 않았는데도 신이 은총을 준다는 사실이 믿기지 않았던 것입니다. 하지만 나중에 그도 깨닫게 됩니다. 신을 믿고 의지하고 사랑하는 마음이 모든 것을 가능케 한다는 것을 말입니다. 그가 자신의 어리석음을 인정하면서 나를 스승으로 삼아 가르침을 요청하던 순간부터 아르주나와 나 사이에는 조건 없는 사랑이 시작되었다고 말할 수 있습니다.

이렇게 크리슈나는 구원의 패러다임을 전환시킨다. 물론『기타』이전의 고대 문헌에서도 크리슈나의 구원과 유사한 내용을 엿볼 수 있다. 하지만 그 시대에 주류를 이루던 것은 제식을 통해 얻는 조건적인 구원이다. 물론『기타』에서 크리슈나도 제식과 같은 것을 적극적으로 옹호한다. 하지만 그는 재물로써 행하는 '위선과 교만으로 가득 찬 제식'을 원하지 않고 마음으로써 행하는 '진실과 사랑으로 충만한 고차원적인 제식'을 원할 뿐이다. 한마디로 크리슈나는 조건적인 구원을 무조건적인 구원으로 바꾼다. 조건적인 구원에서 무조건적인 구원으로! 이 얼마나 기가 막힌 소식이겠는가. 특히 돈으로 구원을 사기 힘든 민중에게 황홀한 소식이다. 크리슈나를 향한 사랑이 그토록 빨리 인도에 퍼진 것은 누구든지 마음만으로 신 앞에서 똑같이 구원받을 수 있다는 점 때문이다.

그리고 크리슈나를 향한 사랑은 카스트처럼 조건 지어진 굴레로부터 해방될 가능성을 부여한다. 만약 이 생애에 노예로 살거나 천민으로 사는 것이 전생의 업보 때문이라면? 답이 없다. 그냥 죽을 때까지 노예나 천민으로 살아가야 하고 다음 생애도 거의 마찬가지다. 하지만 최고신은 단번에 구원될 수 있는 길을 제시한다. 사제나 왕족보다도 더 진실하게 최고신을 사랑하기만 하면 심지어 그들보다 더 고귀한 존재가 될 수 있다는 것이다.

행위와 행위의 요가도 비슷한 맥락에서 이해된다.『기타』에 등장하는 행위가 조건적인 것이라면 크리슈나가 가르치는 행위의 요가는 무조건적인 것이다. 왜 그러할까?

행위의 경우는 예외 없이 앞의 행위가 뒤의 행위를 조건짓는다. 전생에서 잔인한 행위를 한 사람이 그 잔인함 때문에 이번 생애에 코끼리로 태어나는 것과 같다. 이 세상에는 그 어떤 것도 우연히 존재하지 않기 때문에 어떤 결과가 있다면 반드시 그 원인이 있어야 한다. 현재 나의 삶은 내 과거의 삶에 조건지어져 있는 동시에 내 미래의 삶을 조건짓는다. 이것이 조건적인 행위의 법칙이다.

행위의 요가는 다르다. 행위의 요가에서는 현재 내가 하는 행위가 미래에 어떤 결과를 낳을지 고민하지 말라고 한다. 왜? 미래의 결과는 나의 몫이 아니고 신의 몫이기 때문이다.(정확하게 신의 몫이라기보다 업의 몫이다. 다만 신을 구세주로 여기는 후대로 갈수록 신의 몫이 확대된다.) 만약 신이 결과를 다 가져간다면 나는 그저 현재의 행위에만 집중하면 된다. 결국 신을 생각하면서 현재의 행위에 충실하고 있는 나의 삶은 그 자체로 신에게 구원받는다. 그러니 현재의 행위가 미래를 조건짓지 않는다. 즉 조건으로부터 자유롭다.

크리슈나를 향한 사랑의 요가와 크리슈나가 가르치는 행위의 요가. 이처럼 이 둘은 한 뿌리에서 나온 두 개의 줄기이다. 이 둘은 지혜를 독점하던 학자들을 위해서라기보다 보통 사람들을 위해서 배려된 길이다. 구원의 패러다임이 바뀜으로써 평범한 사람들이 보다 쉽게 구원을 얻을 수 있는 길이 마련된 셈이다. 이 모든 것이 크리슈나 덕택이다.

그리하여 크리슈나의 노래인 『기타』는 모든 사람에 의한, 모든 사람을 위한, 모든 사람의 노래가 된다(『기타』에서 카스트 제도에 대한 부정을 찾을 수 있다고 주장하는 사람이 있는 것은 바로 이 때문이다).

"아르주나여, 왜냐하면 나에게 귀의하면 태생이 천한 자와 여자 그리고 바이샤와 슈드라라 할지라도 지고한 상태에 도달하기 때문이라오."(9.32)

# 『기타』가 말하는 구원은 모호하다

대단하다. 『기타』는 인도 종교의 구원이라는 측면에서 새로운 장을 열었다. 하지만 마치 『기타』의 초반부에서 크리슈나의 정체가 인간인지 신인지 선명하지 않은 것처럼 『기타』에서 제시하는 구원 역시 그다지 선명하지 않다는 문제점이 있다.

일단 타력他力의 구원과 자력自力의 구원이 뒤섞여 있다. 신의 도움을 통해 얻는 것이 타력의 구원이요 인간 스스로의 노력을 통해 얻는 것이 자력의 구원이다. 이 두 가지 구원 가운데 『기타』가 어느 것을 더 강조하는지 잘 모르겠다는 말이다.

『기타』의 열렬한 독자라면 그 구원에 관해 다음과 같은 대화를 나눌 것이다.

"비록 자력의 구원을 강조하는 부분이 있을지라도 마지막 강조점은 신에 의한 타력의 구원 아닌가요?"

"마지막 강조점이라뇨?"

"『기타』의 마지막인 18장은 사랑의 요가를 통한 신의 구원을 말하면서 끝을 맺잖아요."

"그렇긴 하죠. 하지만 『기타』의 끝부분이 그 앞부분보다 더 중요하다고 말할 만한 근거는 없지요. 그저 『기타』 전체로 본다면 세 가지 요가가 있는 만큼 세 가지 구원이 다 있는 것 아닌가요?"

"아니, 구원을 어떤 의미로 쓰고 있나요? 어떻게 지혜나 행위를 통해 구원을 얻을 수 있다는 말인가요."

"인도에서 구원은 복잡한 게 아니에요. 구원이 어떤 수단을 통해 이루어지고 구원이 어떤 상태에 도달하는 것인지는 서로 견해의 차이가 있을 수 있죠. 하지만 공통점이 하나 있어요. 어떤 구원이든지 속박으로부터 자유로워지는 것을 의미할 뿐이죠. 다른 말로 인간이 타고난 굴레로부터 벗어나는 것을 구원이라고 해요. 그러니 지혜나 행위를 통해서도 충분히 가능하지요."

지혜의 요가를 통해서 어리석음을 없애 어리석음이 낳는 고통의 굴레에서 자유로울 수 있다. 행위의 요가를 통해서는 진실되고 제어된 행위를 함으로써 결과에 속박되는 마음으로부터 벗어날 수 있다. 사랑의 요가를 통해서는 신에게 의지함으로써 삶을 옭아매는 근본조건으로부터 해방될 수 있다. 이처럼 세 가지 요가는 세 가지 유형의 구원을 보여준다. 크리슈나를 향한 사랑의 요가만이 구원의 길은 아닌 것이다.

세 가지 유형의 구원이 있다 보니 『기타』의 구원은 확실히 선명하지 않다. 『기타』에서 신이 행하는 구원을 약속했으면 오직 그것만이 최고의 구원이라고 처음부터 끝까지 강조했어야 했다. 그런데 그렇지 못했다. 따라서 『기타』가 아무리 구원에 관해 새로운 패러다임을 보여주더라도 신이 행하는 구원은 그 의의가 상당히 퇴

색되고 만다.

그러니까 『기타』에는 사랑을 통해 신의 구원을 얻으려는 데 혼란을 주고 훼방을 놓는 것이 두 가지가 있다. 지혜를 통한 구원과 행위를 통한 구원이다. 역사적으로 둘 중에서 지혜를 통한 구원이 더 강력했다. 왜냐하면 『기타』가 등장하기 이전까지는 지식인들이나 권력자들이 주로 지혜를 통한 구원을 더 선호했기 때문이다. 그렇다면 사랑을 통한 구원과 지혜를 통한 구원 사이에 가장 큰 차이점은 무엇일까?

첫째, '이 세계에서 가장 으뜸인 것이 무엇이냐?'에 대한 견해가 다르다. 사랑을 통한 구원에서는 '하느님과 같은 인격신'이라고 대답한다. 지혜를 통한 구원에서는 '도와 같은 비인격적이고 추상적인 원리'라고 대답한다.

둘째, '무엇을 통해 구원을 얻을 것이냐?'에 대해 견해가 다르다. 사랑을 통한 구원에서는 '사랑이 절대적이지만 지혜도 꽤나 필요하다'라고 대답한다(신을 더 잘 알면 알수록 신을 더 많이 사랑할 수 있을 테니까). 지혜를 통한 구원에서는 '단지 지혜만으로 충분하다'라고 대답한다.

사랑을 통한 구원은 절대적인 신이 구원을 주는 까닭에 매우 익숙하다. 그런데 지혜를 통한 구원은 약간 낯설다. 하지만 그렇게 낯설어 할 필요는 없다. 이 구원은 그저 지혜를 통해 참다운 나를 알고자 하는 프로젝트이다. 거짓된 나가 아닌 본래의 참다운 나를 앎으로써 그 참다운 나가 되고자 하는 프로젝트이다.

문제는 참다운 나라고 하는 것, 이걸 이해하기가 어렵다는 데 있다. 당최 참다운 나가 무엇인지 알아야 참다운 나로 되돌아갈 것이 아닌가. 참다운 나란 신과는 달리 인격적인 것이 아니다. 그렇지만 신성과 같은 것을 가리킨다고 해도 좋겠다. 또 그것은 아무런 내용도 가지지 않는다. 그 어떤 생각이나 의지나 감정도 참다운 나 속에 들어 있지 않다. 마치 하얀 도화지 같은 의식이나 마음이라고 해도 좋겠다. 또한 그것은 비유적으로 세상을 보고 있는 자신을 더 깊숙한 내면에서 지켜보는 자이다. 참다운 나는 어떤 평가도 없이 지켜보고만 있기 때문에 그저 냉담한 관찰자나 관조자라고 해도 좋다.

바로 이와 같은 참다운 나를 지혜를 통해 다시 발견하는 것이 지혜를 통한 구원이다. 『기타』에서도 종종 그렇게 말한다.

"이와 같이 지혜의 눈으로써 '밭'과 '밭을 아는 자' 사이의 차이를 알고 존재들의 원천으로부터 해방되는 것을 아는 자들은, 궁극에 도달한다오."(13.34)

여기서 도달하는 목적지는 궁극窮極이다. 이 궁극은 바로 참다운 나이다. 무엇을 통해 이 목적지에 도달하는가? 그 수단은 지혜이다. 무엇에 대한 지혜인가? 밭과 밭을 아는 자 사이의 차이를 아는 지혜이다.

『기타』의 13장 전체는 밭과 밭을 아는 자 사이의 차이를 알려준다. 밭이란 인간의 육신과 거짓된 나를 가리킨다. 밭을 아는 자란 참다운 나를 가리킨다. 밭은 씨앗이 뿌려지고 자라서 마지막에 열매가 맺히는 장소이다. 그 열매는 다시 씨앗이 되고 자라서 또 열매가 되고. 밭은 이 과정을 되풀이하는 장소이다. 그러니 태어나서 살다가 죽는 저 윤회를 되풀이하는 몸과 마음이 곧 밭이다. 반면에 밭을 아는 자란 윤회로부터 벗어나 있는 영원불멸한 영혼을 가리킨다. 밭에서 일어나는 일을 낱낱이 보고 있으므로 완전히 자유로운 영혼이다. 이 영혼이 바로 참다운 나이다.

지혜를 통한 구원은 이런 것이다. 밭으로부터 밭을 아는 자를 구별해서 알기. 거짓된 나로부터 참다운 나를 구별해서 알기. 그렇게 하면 궁극이자 구원인 참다운 나에 도달한다.

이처럼 『기타』에서는 지혜를 통한 구원이 사랑을 통한 구원에 계속 혼란을 주고 훼방을 놓는다.

인도의 신학자 가운데 지혜를 통한 구원을 강조한 측은 샹카라로, 사랑을 통한 구원을 강조한 측은 라마누자로 대변된다. 시대를 달리하는 이 두 신학자가 만난다면 다음과 같은 진지한 논쟁을 벌일 것이다.

샹카라 『기타』가 참다운 나에 대해서도 가르치고 또 최고신에 대해서도 가르친다고 하면 『기타』에 모순이 있다는 걸 인정할 수밖에 없지요. 지혜를 통한 구원도 보여주고 또 사랑을 통한 구원도 보여준다고 하면 그 모순 때문에 『기타』의 권위가 땅에 떨어지는 것 아닌가요?

라마누자 글쎄요. 선생님께서는 항상 지혜를 통한 구원만이 참다운 구원이라고 생각하시니 그렇게 말씀하실 수도 있겠군요. 하지만 『기타』에서는 구원의 단계를 보여주지요. 우선 『기타』에서는 인간이 자기 영혼을 파악해야 하고 자기 영혼을 정화해야 한다고 가르치잖아요. 즉 지혜의 요가와 행위의 요가를 가르치는 셈이지요. 그런 다음에야 이제 신을 사랑할 자격이 생기는 거예요. 크리슈나 신께서 "스스로 자기 자신의 참다운 나를 어떤 이들은 명상으로써 본다오. 다른 이들은 원리(지혜)의 요가로써 보고 또 다른 이들은 행위의 요가로써 본다오"(13.24)라고 말씀하신 이유가 여기에 있지요. 지혜와 행위를 통해 참다운 나를 깨우친 이후에야 사랑을 통한 구원이 가능하다는 그런 말씀이지요.

상카라 크리슈나 신의 말대로 지혜의 요가와 행위의 요가로써 저 마지막에 있는 참다운 나를 보았는데, 뭘 다시 봐야 한다는 건가요? 공연히 신을 또 봐야 한다면서 문제를 더 복잡하게 만들지 말아요. 신은 그저 인간의 어리석음이 만들어낸 것에 불과하지요. 그러니 지혜를 얻으면 신마저도 사라지고 오로지 참다운 나만 남게 되지요.

라마누자 저는 참다운 나를 본 이후에 더 나아가 신을 봐야 한다는 입장이지요. 신이 이 모든 것을 창조했지요. 그리고 인간은 인격적인 신의 부분이자 편린이기 때문에 물질적인 존재가 아니라 정신적인 존재이지요. 그러니 자신이 정신적인 존재라는 걸 먼저 깨달아야만 하죠. 바로 참다운 나를 먼저 알아야 그다음에 신과 가까워질 수 있는 거지요.

상카라 제 말이 그거예요. 물질적인 존재와 정신적인 존재라는 두 가지만으로도 충분히 구원을 설명할 수 있는데 왜 굳이 신까지 끌어들여 더 복잡하게 만드느냐는 거예요.

라마누자 그건 지혜를 통한 구원이 이 세상을 허망하게 만들어버리기 때문이지요. 거짓된 나를 떠나서 참다운 나에 도달한다고 하는데 백지와 같은 참다운 나를 얻는다고 한들 무엇이 남을까요. 너무 공허한 구원이지 않나요? 반면에 사랑을 통한 구원에서는 끊임없이 신을 기억하고 명상함으로써 사랑의 감정으로 충만해지지요. 또한 신의 낙원에서 신성한 행복을 누리게 되지요.


인도의 위대한 두 신학자는 이렇게 『기타』를 두고 대립한다. 자기에 대한 앎이 최종적인 구원이냐 신에 대한 사랑이 최종적인 구원이냐 하는 대립이다. 이 대립은 『기타』의 주석가들도 쉽게 해소하지 못했다. 그만큼 『기타』가 구원에 관해 어정쩡한 태도를 취하고 있기 때문이 아닐까.

그런데 지혜를 통한 구원뿐만 아니라 행위를 통한 구원도 사랑을 통한 신의 구원에 혼란을 주고 훼방을 놓는다.

어떤 방식으로 그렇게 할까? 행위의 요가는 크리슈나가 평범한 사람들을 위해 베푸는 구원의 선물이다. 고행자나 수행자가 아닌 보통 사람들은 사회생활을 하면서 마치 고행자나 수행자처럼 평온한 삶을 살 것을 갈구한다. 세상 속에서 세상을 초탈한 듯한 그런 삶 말이다. 그래서 행위의 요가가 도달하는 지점은 마음의 평온이다. 크리슈나는 이렇게 말한다.

"제어된 이는 행위의 결과를 버리고서 변함없는 평온을 획득한다오. 제어되지 않은 이는 욕망에 근거함으로써 결과에 집착하여 속박된다오."(5.12)

세상살이를 하면서 욕망을 제어할 줄 아는 사람은 어떤 행위의 결과가 나오든지 간에 마음의 평온을 얻는다. 반대로 욕망을 제어할 줄 모르는 사람은 마음이 속박 상태에 있다.

욕망은 스스로 멈추지 않는다. 멈추지 않기 때문에 처음 원하던 결과가 나오더라도 더 좋은 결과를 또다시 욕망한다. 혹 처음 원하던 결과가 나오지 않으면 더욱 강하게 그 결과를 다시 욕망한다. 그러니 이 브레이크 없는 기관차를 멈추는 방법은 어떤 결과가 나오든지 아예 신경 쓰지 않는 것이다. 욕망을 붙들어 맨 채 한 박자

쉬게 만드는 것이다.

행위를 통한 구원은 이처럼 상대적으로 소박하다. 하지만 사람들이 현실적으로 얻을 수 있는 구원이다. 뜬구름 잡는 구원이 아니라는 말이다. 크리슈나는 또 이렇게 말한다.

"물이 흘러 들어와도 채워져 있는 바다가 확고부동하듯이 그처럼 모든 욕망이 자신에게 들어오는 자는 평온을 얻는다오. 그러나 대상적 욕망을 가진 자는 그렇지 못하다오."(2.70)

놀라운 비유이다. 바다는 항상 물로 가득 채워져 있기 때문에 물이 흘러들어오고 증발하더라도 늘 그대로이다. 마찬가지로 마음이 항상 모든 욕망으로 이미 채워져 있다면 욕망이 생기고 사라지더라도 늘 평온하다.

평온은 세속적인 삶을 살면서 얻을 수 있는 최고의 구원이다. 『기타』의 아르주나는 틀림없이 세속적인 삶을 사는 전형적인 인물이었고 그가 마지막에 얻게 된 것은 평온이 아니었던가. 친족과 대치한 전쟁터에서 아르주나가 겪은 것은 마음의 불안정과 동요이다. 크리슈나는 아르주나의 이러한 마음을 평온으로 이끌기 위해 『기타』에서 기나긴 가르침을 전했던 것이다. 그러니 『기타』에서 아르주나가 마지막에 얻은 구원은 바로 마음의 평온이다.

결론적으로 누군가 『기타』에서 행위를 통한 구원이 가장 눈에 띈다고 말하더라도 조금도 이상할 것이 없다. 그렇다. 지혜를 통한 구원처럼 행위를 통한 구원도 『기타』의 구원을 어정쩡하게 만들고 만다. 결과를 놓고 보면 『기타』에는 어정쩡하게 여러 구원이 뒤섞여 있다. 혹 그렇다면 이 어정쩡한 위치는 아마 『기타』 자체의 무신경함이거나 착오이거나 과욕이 아닐까? 그럴지도 모른다.

## 『기타』, 신에 대한 사랑을 실험하다

인도에서 『기타』가 성립되기 이전에 크리슈나는 그다지 위대한 신이 아니었다. 그러다가 바로 『기타』에서부터 크리슈나 신을 사랑함으로써 구원을 얻을 수 있다는 믿음이 꽃피기 시작했다. 그 믿음의 꽃이 만개한 것은 『기타』로부터 거의 천 년의 세월이 지난 뒤였다. 이 점을 염두에 두면 『기타』에서 왜 사랑을 통한 신의 구원이 다른 구원과 설익은 채로 뒤섞여 있는지, 왜 신의 구원이 다른 구원들을 압도하지 못하는지 얼핏 짐작할 수 있다.

그러나 이렇게도 생각해볼 수 있다. 『기타』는 사랑을 통한 신의 구원을 후대에 완성하기 위해 고대에 만들어진 실험실일지도 모른다. 다르게 말하면 어떻게 해야 신을 더 잘 사랑할 수 있을까, 하는 문제를 미리 이리저리 가늠해보는 그런 실험실 말이다. 과연 그럴까? 후대에 신을 향한 최고의 사랑을 말하고 있으니 그 이전에 사고思考의 무수한 시행착오가 있었을지도 모른다.

이런 맥락을 참고로 『기타』에서 행해진 몇 가지 실험을 추적해볼 수 있을 것이다.(이 사고思考실험의 목적은 분명하다. '어떻게 하면 사람들이 최고신을 더 잘 사랑하게 만들 수 있을까?' 하는 것이 목적이다.)

실험 1. 신과 인간 사이에 친밀한 관계를 맺는 것이 필요하다. 예를 들어 신이 인간의 모습으로 등장해서 인간과 진솔한 대화를 나누는 게 좋을 것이다.

다음은 이 실험을 뒷받침해주는 하나의 견해라고 할 만하다.

"『기타』에서는 신에 대한 사랑이 무엇인지 정확하게 말해주지 않습니다. 다만 아르주나와 크리슈나가 대화를 나누는 분위기에서 사랑을 간접적으로 알아챌 수 있을지도 모르겠습니다. 인간의 모습을 하고 인간의 개성을 지닌 최고신이 바로 눈앞에서 주인공과 생생하게 이야기를 나누고 있습니다. 이보다 더 극적인 장치가 어디에 있겠습니까. 독자들도 마치 눈앞의 연극을 보듯이 혹은 마치 자기 자신이 아르주나인 듯이 신과 나누는 인간의 사랑을 간접적으로 경험하지 않겠습니까."

크리슈나는 머나먼 당신처럼 거리감이 느껴지는 신이 아니라 이웃 사람처럼 친밀하게 마주한 신이다. 실제로 크리슈나의 친밀한 이미지는 그를 인도에서 가장 사랑스러운 신으로 만들어낸다.

　실험 2. 최고신을 인정하지 않은 채 지혜만으로 구원을 얻고자 하는 사람들이 너무나 많다. 그들을 포용하기 위해서는 똑바로 아는 것이 똑바로 사랑하는 것을 가능케 한다는 논리를 펴야 한다.
　크리슈나의 다음의 말은 『기타』에서 매우 중요하다.

　"아르주나여, 네 종류의 사람들이 선행을 하며 나를 사랑한다오. 고통에 처한 사람, 지혜를 구하는 사람, 재물을 원하는 사람, 지혜로운 사람이라오. 아르주나여, 이 가운데 지혜로운 사람은 항상 제어된 채 하나만을 사랑하는 뛰어난 자라오. 지혜로운 자에게 나는 지극히 소중하고 그도 나에게 지극히 소중하기 때문이라오."(7.16~7.17)

　네 종류의 사람들이 있는데 이들은 모두 크리슈나를 사랑한다고 한다. 하지만 그중에서 지혜로운 사람이 가장 많이 크리슈나를 사랑한다고 한다.
　보통으로 사랑하는 세 종류의 사람과 가장 많이 사랑하는 한 사람. 이런 차이를 말하는 까닭은 무엇일까? 그 까닭은 세상의 다양한 물질적인 것들에 얽매인 세 종류의 사람과 그것들을 넘어서서 오직 하나뿐인 정신성에 도달한 한 사람을 구별하기 위해서다. 확실한 지혜를 통해 하나뿐인 정신성에 도달한 그 사람만이 오직 하나뿐인 신을 가장 많이 사랑할 수 있다고 전하기 위해서다.

고통에 처한 사람, 지혜를 구하는 사람, 재물을 원하는 사람은 이 세상에서 볼 수 있는 전형적인 인간 유형이다. 이러한 사람들은 자기 나름의 방식으로 보이는 여러 거짓된 나를 참다운 나로 잘못 알고 있다. 거짓된 나는 여럿이지만 참다운 나는 하나뿐이다. 그래서 이들은 신을 사랑할 수 있고 사랑하고 있지만 여러 신을 사랑할 뿐 도무지 하나의 신을 사랑할 줄 모른다.

반면에 지혜로운 사람은 오직 하나뿐인 참다운 나를 본다. 그래서 오직 하나의 신만을 사랑할 줄 안다. 오직 하나뿐인 것에 대한 지혜를 얻으면 아주 자연스럽게 유일신인 크리슈나를 사랑할 수 있다고 하니, 지혜를 통해 구원을 얻고자 하는 사람들에게 이 어찌 흐뭇한 특권이 아닐 수 있겠는가!(또한 사랑을 통해 구원을 얻고자 하는 사람들에게는 지혜라는 것이 그 사랑을 증대시키고 향상시키기 위한 좋은 수단이기도 하다.)

그런데 갑자기 궁금증이 인다.

"지혜를 통해 구원을 얻고자 하는 사람들은 대개 신을 도달점으로 삼지 않는다. 그들은 신을 경유지로 삼고 참다운 나를 도달점으로 삼는다. 이것도 사랑의 요가인가?"

좀 풀어서 말하면 이렇다. 인도의 주류 전통에서는 참다운 나를 아는 것이 곧 깨달음이다. 이 경우에 전지전능한 신을 표지標識로 삼아 신을 경유하면서 마지막으로 참다운 나에 도달한다고 주장할 수 있다. 이는 분명 신이 참다운 나를 아는 데 수단이 된다는 의미이다. 참다운 나와 매우 유사한 신을 먼저 알고 나면 그로부터 참다운 나를 경험하기가 더 쉽다는 말이다. 그렇다면 이런 방식조차도 사랑을 통한 신의 구원이라고 할 수 있는가?

실험 3. (이제 매우 단호한 실험이 등장한다.) 신은 결코 참다운 나를 알기 위한 수단이어서는 안 된다. 신을 이용하여 참다운 나를 깨닫고자 하는 방식은 결코 사랑의 요가가 아니다.

사랑의 요가에서 신과 인간의 관계는 분명하다. 인간은 신의 피조물이기 때문에 인간의 삶은 항상 신에게 의존하고 의지해야만 한다. 그래서 신이 만들어놓은 놀이판에서 최대한 신과 가까워지는 것이 깨달음이다. 오직 신만이 삶의 유일한 목적이 될 수 있다.

그런데 신을 깨달음의 도구로 삼는 자들이 있다. 그들은 인간의 어리석음이 신을 만들어냈다고 하면서, 이 어리석음에서 벗어나야 한다고 주장한다. 또한 참다운 나와 매우 흡사한 신을 통해서 그 참다운 나를 깨달은 다음 미련 없이 신을 버려야 한다고 주장한다.

더 말해서 무엇하랴. 초월적인 인격의 신을 상징적인 신으로 박제하여 깨달음의 도구로 삼는 자들은 사랑의 요가를 전혀 모르는 자들이다.

『기타』에서 크리슈나도 이렇게 말한다.

"흔들림 없는 사랑의 요가로써 나를 섬기는 자는 이러한 요소들을 초월하여 브라흐만이 되는 데 적합하다오. 왜냐하면 나는 브라흐만의 토대이자 불사불변하고 영원한 법도의 토대이자 절대적인 행복의 토대이기 때문이라오."(14.26~14.27)

분명하지 않은가. 최고신은 이 세상 모든 것의 토대이다. 이 세상 모든 것은 신 없이는 감히 존재할 수조차 없다. 심지어 거짓된 나(요소들)를 초월하여 참다운 나(브라흐만)가 되는 것조차도 오로지 신을 향한 진실한 사랑을 통해 가능하다. 모든 것은 신의 손바닥 위에 있으니 신이 확실하게 도와줄 수 있기 때문이다.

결국 사랑의 요가는 모든 것의 목적으로 존재하는 절대적인 인격신을 반드시 전제로 해야 한다. 어떤 방식으로 신을 사랑하든 상관없지만 인격적인 신의 존재는 반드시 인정해야 하는 것이다. 신에게 분리된 인간이 신을 향해 최대한 근접하고자 하는 것은 사랑의 요가이기 때문이다.

물론 다른 견해도 있다. 어떤 사람은 『기타』에서 사랑의 요가가 매우 폭넓은 개념이라고 말한다. 인격적인 신을 사랑하는 것뿐만 아니라 비인격적인 원리나 정신을 사랑하는 것도 사랑의 요가라고 주장한다. 『기타』가 과도기의 경전인 이상 충분히 그렇게 생각할 수 있다. 그러나 '어떻게 하면 사람들이 최고신을 더 잘 사랑하게 만들 수 있을까?' 하는 이 실험에서만큼은 사랑의 요가가 인격적인 신을 전제로 할 수밖에 없다.

실험 4. 신에 대한 여러 종류의 사랑은 결국 최고의 사랑에 도달해야 한다. 그러기 위해서는 여러 종류의 사랑을 경쟁시키는 방식을 적극 장려한다.

아마 인도에서 사랑의 요가가 활성화된 이래 시대마다 장소마다 별의별 사랑의 요가들이 나타나고 사라졌을 것이다. 그리하여 그 요가들의 엑기스가 모이고 모여, 후대에 신에 대한 최고의 사랑이 탄생했을 것이다.

『기타』도 별의별 사랑의 요가들을 다 보여준다. 마치 경쟁이라도 시키려는 듯이. 크리슈나는 "나에게 다가오는 방식대로 나는 그들에게 바로 그와 같이 베푼다오. 아르주나여, 사람들은 다방면으로 나의 길을 따른다오"(4.11)라고 말한다. 그리고 『기타』는 'A 방식으로 사랑할 수 없으면 B 방식으로 사랑하라'고 조언하며 'C 방식보다는 D 방식이 신에 대한 사랑으로 더 낫다'고 판정하기도 한다.

다음은 그런 조언과 판정이 모두 드러난 하나의 예다.

"그대가 이것조차도 행할 수 없다면 나의 요가에 의지하고 자신을 제어한 채 모든 행위의 결과를 버리도록 하시오. 왜냐하면 수련보다는 지혜가 더 낫고, 지혜보다는 명상이, 명상보다는 행위의 결과에 대한 버림이 더 뛰어나기 때문이라오. 버림으로부터 즉시 평온이 있다오."(12.11~12.12)

여기에 나오는 사랑의 요가들은 낮은 것부터 높은 것 순으로 수련, 지혜, 명상, 행위의 요가라는 네 가지이다. 이 순위는 절대적인 것이 아니다. 다른 곳에서는 순위가 뒤바뀌어 있기도 하다.

실험 5. 최고의 사랑은 기존의 굳건한 믿음들을 모조리 뛰어넘는 것이어야 한다. 잡다한 믿음들이 모두 사라지는 곳에 오직 신에 대한 사랑의 감정만이 유일하게 남아야 한다. 크리슈나가 몸소 이렇게 말한다.

"모든 법도를 버리고서 나를 유일하게 의지할 곳으로 삼으시오. 나는 그대를 모든 죄악들로부터 자유롭게 할 것이오."(18.66)

아르주나가 묻지 않아도 크리슈나가 알아서 답한다. 무엇을 기준으로 해서 이 세상을 살아갈 것인가? 혹은 무엇을 등불로 삼아 이 세상을 헤쳐나갈 것인가? 크리슈나는 최고신인 자신을 기준이자 등불로 삼으라고 한다. 그러면 만사형통이라는 말과 함께.

『기타』이전의 인도인들은 무엇에 의지했을까? 그들은 법도에 의존한 채 살았다. 그 법도는 최고의 권위를 지닌 문헌인『베다』, 법도를 상세하게 규정해놓은 경전들,『베다』를 공부한 학자들이 함양한 덕목들, 선량한 사람들의 좋은 행동 등을 통해 알려지고 또 주어졌다.

이제 크리슈나는 법도에 의존하지 말고 최고신에게 의지하라고 선언한다.『기타』의 대담함이여! 이 정도면 가히 코페르니쿠스적 혁명이라고 할 만하다. 복잡한 전통과 관습과 도덕을 따르기보다 최고신 하나만을 사랑하기만 하면 두려움과 걱정 없이 이 세상을 살아가고 헤쳐나갈 수 있단다.『기타』의 단순명쾌함이여!

사고의 실험은 이 정도까지다. 최고신을 더 잘 사랑하기 위한 이 다섯 가지 실험은『기타』에서 실제로 발견되는 내용이다. 상상이나 공상이 아니다. 더 잘 사랑하기 위한 심각한 고민인 것이다. 어쩌면『기타』자체가 최고신을 향한 짝사랑을 앓으면서 그 사랑을 어떻게 고백할 것인지 오래오래 고민한 흔적일지도 모른다.

꽤 역동적이지 않은가.『기타』안에서 신을 사랑하기 위한 여러 실험이 서로 영향을 주고받으면서 꿈틀거리고 있으니 말이다. 무수한 가능성이 생성되고 있는 것이다.

이와 같은 맥락에서 아르주나와 크리슈나의 관계도 매우 역동적이라고 할 만하다. 이 둘은 처음에 친구 관계였다가 아르주나가 제자가 되고 싶다고 청하자 사제 관계가 되며, 크리슈나가 최고신의 모든 것을 직접 보여주자 사랑받는 신과 사랑하는 인간의 관계가 된다. 우정이 존경으로, 존경이 사랑으로 변화하면서 확대되는 모양새이다.

역동적인 실험의 끝은 의심의 여지 없이 최고신을 향한 지고한 사랑이다. 사랑이 정점에 다다르면 더 이상 이 역동성은 필요치 않다. 지고한 사랑에서는 신의 은총으로 충만한 삶이 고요하게 흐를 것이다.

이렇듯 최고신을 향한 지고한 사랑은 마치 어수선하고 거친 세파世波를 벗어나 아늑하고 평화로운 고향으로 되돌아가려는 마음과 같다. 현재의 삶이 부서지고 나뉘어 있음을 문득 깨닫는다면 신의 품안에서 온전하게 살던 그 시절로 돌아가려는 꿈을 꿀 수밖에 없다.

구체적으로 어떻게 돌아갈 수 있을까? 자기 스스로가 부서지고 나눠진 것에 불과하다는 생각 자체를 버려야 한다. 또 자아의식을 완전히 버려야 한다(이 두 가지는 후대 사랑의 요가에서 핵심에 해당된다). 그래야만 자신과 신 사이에 쌓여 있던 견고한 담이 무너지면서 신의 드넓은 품에 다시 안길 수 있을 것이다.

# 『기타』라는 상품이 덜 팔려야 『기타』가 되살아난다

크리슈나가 말한다.
"이러한 견해를 고집하면서
마음이 파괴된 자들은
하찮은 지혜와 사악함으로 거친 행동을 하며
세계의 파멸을 향해 날뛴다오.
채우기 힘든 욕망을 좇으면서
위선과 교만과 자만에 끌려들어간 채,
미혹으로 인한 그릇된 견해들을 붙잡고서
불순한 결의를 가지고 행동한다오."
(16.9~16.10)

## 『기타』, 현대 요가의 받침목

바야흐로 요가 열풍이 막바지에 이른 듯하다. 언젠가는 20세기 전체를 요가의 르네상스 시기라고 부르게 될지도 모른다. 그 정도로 요가는 20세기에 전통의 창조적 계승과 변형을 극점까지 보여주었고 또 인간의 직접적인 경험 영역과 인간에 대한 이해의 지평을 확대하였다. 결과적으로 21세기인 현재 전 지구적인 문화 현상이 되었다고 해도 과언이 아니다.(덩달아 『기타』도 전 지구적으로 알려지고 있다.) 그런데 오늘날 전 세계에 널리 퍼진 요가는 더 이상 인도만의 요가가 아니다. 현대의 요가는 인도의 고유한 요가와 서구 문명이 결합되면서 만들어진 형태이기 때문이다.

누군가는 현대의 요가를 인도의 거울과 서구의 거울이 서로 비추고 있는 꼴이라고 표현하기도 한다. 그러니 현대의 요가는 더 이상 '인도의 요가'라기보다 오롯이 '인류의 요가'이다. 요가는 매우 급진적인 변화의 한가운데에 놓여 있는 셈이다.(변화하는 와중에는 폭발적인 변화 자체를 잘 알아채지 못하는 경향이 있다.)

도대체 어떤 것들이 현대 요가를 구성하고 있을까? 이에 대해 현대 요가의 연구자라면 다음과 같이 답해줄 수 있을 것이다.

"현대 요가라는 것은 인도의 고대 요가와 비교한다면 꽤 많이 달라졌습니다. 물론 그 뿌리는 당연히 인도의 고대 요가입니다만. 다른 지적 전통들과 뒤섞인 형태라고 할 수 있습니다. 다른 지적 전통들이란 그 주요한 줄기로서 뉴에이지라 일컬어지는 서구의 현대 신비주의, 기독교와 이슬람교, 현대 과학을 꼽을 수 있습니다. 이외에도 인도의 정통 철학인 베단타 사상, 인도의 민족주의, 육체를 강조하는 현대 문화 등도 현대 요가에 상당한 영향을 줍니다. 이런 사정이라면 요가는 이제 20세기 지구촌에서 아주 대표적인 세계화의 산물이라고 할 수 있겠습니다. 요가 안에서 인도와 힌두교라는 지역적이고 종교적인 색채가 옅어지고 영성이나 정신성, 심신의 치유, 건강관리 등과 같이 인류에게 보편적인 것들이 자리를 잘 잡고 있는 형국입니다."

시기적으로 현대 요가는 19세기 말이나 20세기 초에 시작되었다. 그러다가 양차 세계대전이 끝난 이후부터 본격적으로 확산되었고 1990년대에 열광적으로 다시 확산된다.

매우 당연하게도 이러한 요가는 주로 요가원의 요가이다. 헬스클럽의 요가와는 꽤나 다르다.(혹자는 현대 요가가 요가원의 요가와 헬스클럽의 요가로 나눠지고 둘 사이에 묘한 긴장감이 흐른다고 말하기도 한다.) 요가원의 요가는 아무래도 인도 전통에 더 가깝다. '인도'라는 말이나 '전통'이라는 말을 상대적으로 더 많이 사용한다는 것이다.

갑작스럽게 현대 요가를 이렇게 꺼내는 까닭은 오늘날 『기타』라는 경전의 명칭을 아는 사람이 급속도로 늘어났다면 그것은 상당 부분 현대 요가의 덕택이며, 현대 요가 가운데서도 인도 전통을 자주 거론하는 요가원의 요가 덕분이기 때문이다. 요가와 『기타』는 현대에 공존하고 또 공생하는 관계이다.

최근의 한 조사에 따르면 2000만 명 이상의 미국인들이 요가를 배우고 있으며, 10퍼센트 이상의 미국인들은 요가에 매우 관심 있다는 대답을 했다고 한다. 요가가 이미 문화의 한 양상으로 자리 잡았음을 시사해준다. 아마 그들은 매우 다양한 차원에서 관심을 갖고 그렇게 대답했을 것이다. 몸과 마음의 평온, 안정, 위안, 건강, 치유, 기쁨, 행복!

이 요소들 때문에 사람들은 요가에 관심을 가진다. 다르게 말하면 바로 요가가 이 요소들을 가지고 있다고 볼 수 있다. 물질적인 풍요를 누리고 있음에도 몸과 마음이 지치고 고달픈 삶을 사는 현대인들에게 요가의 이런 점은 매우 매력적일 수밖에 없다. 특히 현대 요가는 고대 요가와 달리 깨달음과 같이 거창한 것이 아닌 몸과 마음의 휴식을 강조하는 편이다.

그런데 『기타』에서 크리슈나가 바로 요가의 이러한 요소들을 가르치고 있다. 행위의 요가를 통한 마음의 평온이나 행복. 이는 『기타』에서 크리슈나가 하는 말 곳곳에 배어 있다. 그가 요가를 '동등하게 여기기'나 '고통과 결합하는 것으로부터 분리하기'라고 정의하는 데서 더욱 구체적으로 드러난다. 이런 점에서 『기타』는 요가의 든든한 받침목인 셈이다. 그 반대는 또 어떤가. 요가 붐이 거세짐에 따라 그 받침목인 『기타』에 대한 인지도도 점점 올라간다. 따라서 요가의 대중화는 곧 『기타』의 대중화를 이끈다.

이와 같이 요가와 『기타』는 서로에게 상승 효과를 불러온다. 현대 요가와 『기타』. 과연 이 둘은 떼려야 뗄 수 없는 관계일까?

현대 요가의 새로운 경향에 긍정적인 태도를 보이는 요가인과 부정적인 태도를 보이는 학자가 만난다면 『기타』에 대해 꽤나 재미있는 이야기가 오갈 것이다. 그 장면을 한번 상상해보자.

요가인 현대에 요가를 하는 사람들이 『기타』를 알 필요가 있을까요? 더군다나 『기타』는 요가를 직접 가르치는 경전도 아니잖아요. 그처럼 어렵고 낯선 인도 경전을 굳이 공부할 필요는 없을걸요.

학자 넓은 의미에서는 『기타』도 요가를 가르치는 경전입니다. 그리고 요가가 요즘처럼 근본도 없이 미용을 위한 수단인 양 여겨진다면 요가의 뿌리를 더욱 열심히 가르치고 배워야 합니다. 요가의 뿌리가 어디에 있습니까? 다 경전에 설명되어 있습니다. 경전을 제대로 알아야 진정한 요가가 뭔지 이해하고 실천할 수 있을 겁니다.

요가인 저도 그 점에는 반대하지 않아요. 하지만 사람들마다 요가에 대한 이해나 요가를 하는 이유도 다양해요. 그런데 마치 필수과목이라도 되는 양 요가를 하려면 반드시 경전에 대해 어느 정도 알아야 한다고 말하는 건 지나치지 않을까요?

학자 그렇지 않습니다. 만약 언젠가 요가라는 이름을 달고 있지만 요가인지 요가가 아닌지 아리송한 무언가가 등장한다면 무엇을 기준으로 그 정체를 판단하겠습니까? 요가를 요가이도록 하는 본질적인 기준이 있다는 말입니다. 그 기준을 경전이 제공하는 것입니다.

요가인 크게 틀린 말씀은 아니지만 제게는 좀 경직된 논리로 들리네요. 저는 요가는 반드시 이래야만 하고 이런저런 형태는 진정한 요가가 아니라고 말하는 건 순수주의자의 빗나간 요가 사랑이라고 생각해요. 애초부터 요가는 잡종이고 혼종이었잖아요. 또 새로운 시대가 잡종과 혼종의 새로운 요가를 만들지 않을까요? 다만 어떤 경우이든지 기준이 되는 권위가 조금은 필요하고 그 역할을 경전이 조금이나마 할 수 있을 거라고 생각해요. 저는 단지 요가를 하려면 요가와 관련된 경전을 반드시 공부해야 한다는 강압적이고 일방적인 논리를 싫어할 뿐이에요."

문제를 단순하게 정리하면 현대 요가가 요가에 중대한 변화를 가져왔고 요가를 현재진행형으로 계속 변화시키고 있다. 이 변화를 어떻게 받아들여야 할까? 변화를 부정하는 측에서는 진정한 요가나 순수한 요가를 부르짖고 변화를 긍정하는 측에서는 요가의 대중화와 외연 확대, 질적인 변화에 대한 기대감으로 흥분하고 있다. 또, 변화를 부정하는 측에서는 경전으로 되돌아가야 한다고 강조하고 변화를 긍정하는 측에서는 경전에 그다지 집착하지 않는다.

사실 이러한 논란이 있다는 것만으로도 현실에서 요가와 관련 경전인 『기타』 사이에 절묘한 동반관계가 있음을 충분히 짐작하고도 남는다.(경전에 그다지 집착하지 않는 사람조차도 『기타』의 중요성을 완강하게 부정하지는 않는다.)

『기타』는 이야기 속의 이야기이다. 그래서 경전이라는 이미지가 덜한 편이고 누구나 쉽게 그 이야기에 몰두할 수 있다. 게다가 『기타』는 요가의 이론적 틀을 제시하지 않는다. 그만큼 자유롭게 요가와 관련된 『기타』의 가르침을 자기 식대로 해석해볼 여지가 있다.

『기타』에 이와 같이 열린 면이 있기 때문에 어쩌면 현대 요가와 궁합이 더 잘 맞을지도 모르겠다. 순수한 요가를 고집하든 혼성의 모습으로 새롭게 등장하는 요가를 환영하든 간에 현대 요가와 『기타』는 그렇게 이미 절묘한 동반자가 된 상태다.

또 다른 중요한 이유가 있다. 바로 이 둘은 삶을 변화시키는 것을 주목적으로 하기 때문에 서로 우호적인 관계를 유지한다. 요가는 삶을 변화시키는 것을 목적으로 한다. 요가가 무엇인지 무수한 말이 있을 수 있다. 하지만 적어도 이 한 가지가 빠져서는 안 될 것이다. 그것은 요가가 습관화된 (몸과 마음과) 삶에 의도적으로 개입해서 그 삶을 긍정적으로 변화시키려는 목적을 가진다는 점이다. 그냥 욕망이 움직이는 대로 놔두면서 습관에 고착되어 있는 삶의 행태는 '보가bhoga<sup>ॐ</sup>'로 불리며 '요가'와 반대되는 것이다.

『기타』 역시 삶을 변화시키는 것을 목적으로 한다. 크리슈나는 아르주나가 발상을 전환할 것을 끊임없이 요구한다. 타성에 사로잡힌 생각에서 벗어나 새로운 발상을 해야만 문제를 더 잘 해결할 수 있다는 것이다. 결과적으로 아르주나는 싸우지 않겠다는 태도에서 싸우겠다는 태도로 전환한다. 그는 긍정적으로 변화하는 인

---

ॐ 산스크리트어로서 향유나 향락을 뜻한다.

간의 표상이요 적극적으로 성숙하는 인간의 상징이다.

사실 요가나 『기타』가 삶의 변화를 최종 목적으로 삼는 것은 둘 다 인도를 기원으로 하는 이론이자 실천이기 때문이다. 인도의 사상은 이론적 탐구로만 머물지 않는다. 그보다는 삶의 변화가 더 중요하다. 설령 엉성하거나 잘못된 이론일지라도 그 이론이 삶을 변화시켰다면 상당 부분 받아들일 만한 이론으로 여겨진다. 굉장히 놀랍다. 실천의 성패가 이론을 좌지우지하는 셈이다.

요컨대 『기타』는 현대 요가의 배후에서 여러 가지를 공유하면서 든든한 버팀목이 되어준다. 그리고 이는 『기타』가 가진 몇몇 장점들 때문일 것이다. 『기타』는 인간이 영적으로 더 고양될 가능성이 무궁무진한 존재임을 암시한다. 오직 그런 존재임을 밝힐 뿐 그런 존재가 되라고 강요하지는 않는다(크리슈나는 가르침을 거의 끝낸 뒤에 아르주나에게 자신의 가르침을 충분히 생각해보고 원하는 대로 하라고 말할 뿐이다). 그리고 『기타』는 약간의 흥분과 긴장이 섞인 듯이 감흥을 돋우고 영감을 불러일으킨다. 읽는 사람마다 자신이 이해하는 바대로의 혜안을 내놓거나 자신의 삶을 반영시키는 통찰을 내놓고 싶어한다. 또한 『기타』는 보통 사람들을 위해 잘 살 수 있는 방법을 제시한다. 어렴풋이 알면서도 시도하지 못했던 고귀한 삶을 지금 당장 시도하고 싶게 만드는 그런 용기를 준다.

그러니 『기타』는 단순히 인도적인 사유의 백화점에 머물지 않는다. 정신적이고 영적인 것을 추구하는 사람들에게 지극히 권위 있는 경전의 역할을 할 수 있다. 긍정적인 삶의 전환을 꿈꾸는 사람들에게 아주 독특한 방식으로 나침반의 역할을 할 수 있다.

물론 누군가는 이에 대해 강력하게 이의를 제기할 수도 있다.

"하지만 요즘 시대에 『기타』는 마치 상품처럼 팔리기나 할 뿐 실제로 긍정적인 삶의 전환을 이루게 하진 못하잖습니까?"


## 상품화된 『기타』와 거리두기

현대 요가의 중요한 특징 중 하나는 요가가 자본주의와 결탁하여 요가 자체와 그 주변적인 것들을 상업화하고 상품화하는 데 깊이 빠져 있다는 것이다. 그중 가장 쉽게 떠오르는 것은 몇몇 세계적인 요가 지도자의 유산 상속을 둘러싼 싸움이다. 그들은 조직체계, 부동산, 특허, 상표권, 저작권, 미디어 등등 워낙 거대한 재산을 남겨서 후계자들 사이에 분쟁이 끊이질 않는다.

그러한 요가의 상업화는 우리 주변에서 더 쉽게 확인된다. 예를 들어 더 잘 팔리는 요가를 위해 차별적인 브랜드가 우후죽순 생겨나고 있으며 무수한 요가 프로그램이 겉모습만 살짝 바꾼 채 치열하게 경쟁하고 있다. 또 요가 스튜디오가 점점 고급스럽게 꾸며지는 가운데 요가 관련 상품들이 더 많이 늘어나며 값비싸지고 있다.

단기간에 미용과 치유를 달성하려는 속성 코스가 등장하고 요가원을 찾는 사람도 그 전반적인 품질을 꼼꼼히 따지기 시작한다.

물론 상업화와 거리가 먼 풍경들도 충분히 볼 수 있다. 그러나 가랑비에 옷 젖는 식으로 아주 교묘히 익숙하게 만들어버리는 자본주의의 속임수로 말미암아 요가의 상업화는 눈치 채지 못할 정도로 서서히 뿌리 내린다. 돌이키려고 할 때에는 이미 늦다. 덩달아서『기타』도 아주 잘 팔리는 상품이 된다.(『기타』를 인도의 중요한 경전들 모두를 대표하는 이름이라고 생각하는 편이 더 좋겠다.) 다만『기타』가 자본주의의 잘 팔리는 상품이라는 것은 그리 단순하지 않은 매우 복잡한 사정을 가지고 있다. (지금부터는 과장인 줄 알면서도 과장되게 말할 것이다. 어떤 경우에는 침소봉대하는 것이 더 나은 효과를 불러오기도 한다.)

우선『기타』는 현대 요가의 알리바이다.『기타』는 자본주의와 애당초 거리가 멀기 때문에 현대 요가의 순수함을 끝까지 지켜주는 성역의 역할을 한다는 것이다. 요가의 혼탁함을 오래된 경전들이 정화시켜주는 것과 같다. 그래서『기타』와 같은 경전은 요가가 끝까지 붙들고 있을 수밖에 없는 마지막 보루이다.

『기타』는 결코 상품으로 팔려서는 안 된다. 요가가 타락하더라도『기타』는 순수하게 정화된 고전으로 남아 쇠락한 요가에 쉼 없이 생명의 자양분을 제공하는 기능을 해야 한다.

하지만 이는 헛된 소망에 지나지 않는다. 순수를 외치는 일이 자

첫 매우 위험스러울 수 있음을 다음과 같은 의견을 가진 사람으로부터 조금은 알아챌 수 있으리라.

"『기타』가 순수하다는 발상부터 잘못된 거죠. 순수한 요가가 있고 진정한 요가가 있다는 발상과 비슷해요. 원리주의자나 본질주의자가 하는 낡은 생각이죠. 또 요즘 세상에 상품화가 되지 않은 것은 거의 없다고 봐야죠. 특히 상품화에 한발 비껴 있다고 말하는 것들조차 때로는 더 교묘하게 상품화가 된다는 점을 깨달아야 해요. 한마디로 순수를 부르짖는 것들이 더 선명하게 자본주의의 노리개가 될 수 있다는 말이에요. 『기타』에 순수라는 꼬리표를 붙이면 어떻게 되겠어요. 그건 순종 진돗개나 토종 누렁이와 같이 더 잘 팔리는 상품이 되는 거죠. 함부로 순수를 외치지 말아요. 자신도 모르는 새 그걸 파는 데 동조하고 있는 게 되니까요."

결국 이런 결론에 도달한다. 『기타』를 자본주의에서 비껴난 성역으로 만들면 만들수록 『기타』는 더욱더 자본주의와 가까워진다. 『기타』에서 속된 자본주의와 아무런 상관이 없는 성스러운 정신세계를 분리해야 한다고 주장하는 것은 『기타』를 훌륭한 상품으로 만들어야 한다고 주장하는 것과 별반 다르지 않다. 돈이 되는 것이라면 천국도 팔고 오물도 파는 자본주의의 속성 탓이다.

『기타』를 상품으로 만드는 것은 비단 요가뿐만이 아니다. 더 폭넓게 말하자면 현대의 신비주의나 영성주의가 『기타』를 든든한 후원자로 삼으면서도 자본주의와 결합하여 『기타』를 상품화한다.

자본주의는 인스턴트 식품을 팔듯이 매끈하게 잘 포장된 『기타』를 판다. 사람들은 쇼핑하듯이 『기타』를 정신적 구원의 대표적인 상품으로 쉽게 산다. 자본주의 아래 '인스턴트 구원'이라는 요상한 잡종 상품은 매우 잘 팔린다. 이 정도면 확실히 모두가 합심하여 『기타』를 팔아버렸다고 할 수 있다.

팔아버릴 생각이 전혀 없었다고 하더라도 자본주의의 거대 체제와 적극적으로 공모하고 또 소극적으로 공모한 사실이 바뀌지는 않는다. 『기타』를 히트 상품으로 만드는 데 별 생각 없이 적극적으로 기여했기 때문에 팔아버린 것이나 마찬가지다. (또한 『기타』를 히트 상품으로 만드는 데 별 생각 없이 소극적으로 방조했기 때문에 팔아넘긴 것이나 마찬가지이기도 하다.)

더 나아가 『기타』는 상품 중에서도 명품에 속한다. 정신문화를 소비하는 것 자체가 명품을 소비하는 것이 되는 시대이기 때문이다. 또한 『기타』처럼 고풍스럽고 이국적인 상품은 더 큰 희소성을 가진다. 그래서 더더욱 명품으로 받든다.

신비주의자나 영성주의자는 이렇게 『기타』를 명품으로 만드는데 적극적으로 기여하고 또 소극적으로 방조한다. 그들이 『기타』를 마치 순수한 정신성의 상징인 양 여기면 여길수록 『기타』가 더 잘 팔리는 명품이 되는 아이러니가 발생하기 때문이다.

알고 보면 자본주의 자체가 신비주의나 영성주의를 관리한다. 수요를 북돋우고 공급을 조절하는 식으로 철저하게 관리한다. 신비주의나 영성주의에 심취한 사람들에게 삶의 품격을 올려주는 시늉을 하면서 뒤에서는 온갖 이득을 다 챙긴다. 그들이 자기 것이라고 생각하는 『기타』를 명품으로 만들어 그들에게 되판다.

피해는 고스란히 『기타』의 몫이다. 『기타』를 팔아서 생기는 이익에 눈이 먼 사이, 그리고 그것에 침묵하는 사이에 『기타』는 너덜너덜해진 채로 되돌아온다.

물론 다음과 같은 반론이 가능하고, 또 그 반론에 대한 해명도 가능하다.

"그렇게 부정적으로만 볼 필요가 있을까요? 『기타』라는 좋은 경전을 많은 사람이 알면 알수록 좋은 것 아닐까요?"

"글쎄요. 잘 팔리는 상품과 그것에 대한 편향된 소비 사이의 악순환을 끊지 못한다면 쉽게 그렇게 되지는 않을걸요. 이런 거예요. 『기타』 자체는 하나에 불과해요. 그렇지만 여러 가지 상품으로 팔릴 수가 있어요. 신비주의와 영성주의로 가득한 철학적이고 종교적인 상품도 될 수 있고, 더 좋은 삶의 길을 설파하는 요가 상품도 될 수 있지요. 또한 고대 인류의 삶을 박제한 유물로서 고고학적 상품도 될 수 있고, 한 지역의 파란만장한 역사를 엿볼 수 있는 기행 상품도 될 수 있어요. 꽤 색다른 상상력을 가능케 하는 문화 상품도 될 수 있고, 성공적으로 행동하는 방법을 가르치는 자기경영 상품도 될 수 있지요.

그런데 현실은 어떤가요. 이제 『기타』는 오직 잘 팔리는 한 방향으로만 근사한 상품이 되었어요. 신비주의와 영성주의의 최고 경전으로서 고차원적인 정신성을 상징하는 명품 『기타』가 된 거죠. 신비주의나 영성주의에 호의적인 사람들에게 이 상품은 나무랄 데가 없겠죠. 즉 파는 측과 사는 측의 궁합이 딱 맞아떨어져요. 그런데 오로지 명품 『기타』만 팔리니까, 파는 측에서는 새로운 상품을 개발할 생각조차 하지 않고 사는 측에서는 또 새로운 상품을 사려는 모험을 감행하지 않아요. 이게 악순환인 거죠. 심지어 누군가가 『기타』를 꽤 다르게 포장해서 팔려고 해도 명품 『기타』의 표준화된 맛에 길들여져 새로운 『기타』를 사지 않죠. 이것이 과연 좋은 현상일까요?"

"마치 오래된 관습인 양 『기타』가 잘 팔리는 단 하나의 방식으로만 상품화가 되었다는 말이군요."

"네, 그렇죠. 매우 나쁜 상황이에요. 아예 『기타』를 서서히 죽이는 짓이에요. 항상 같은 걸 사고판다고 생각해봐요. 명품 『기타』가 된들 무슨 소용이 있겠어요. 삶을 변화시키는 등불이 아니라 삶을 치장하는 장신구에 불과할 텐데요."


『기타』를 죽은 명품으로만 팔리지 않게 하기 위해서는 『기타』를 다양한 방식으로 해석함으로써 새 생명을 불어넣어야 한다. 즉『기타』에서 의미 있는 내용을 지속적으로 찾아내야 한다는 것이다. 그리고 그 와중에 자본주의의 치밀한 계략을 폭로하고 자본주의와 공모한 것을 성찰하는 태도가 들어설 수 있다. 이 태도는 단순히 맹목적으로『기타』가 자본주의에 맞설 수 있다고 믿는 것과는 차원이 다르다. 이 태도야말로『기타』를 통해 실질적으로 자본주의를 불러내 싸움을 걸고자 하는 준비운동이다.

명품『기타』를 팔고 또 파는 사람들은 대개『기타』에서 오직 A만을 진리로 가르칠 뿐 B, C, D 등을 진리로 가르치지 않는다고 믿는다. 그들은『기타』에서 다른 진리들이 있을 가능성을 완벽하게 봉쇄함으로써 전략적으로 자기만의 진리를 지탱해간다(이것이 특히 돈벌이가 되는 방식이다). 바로 이러한 점을 폭로해야 한다.

하나의 간접적인 예를 들어볼 수 있다. 좀 뻔한 사례지만 인도의 거지와 성자 이야기다. 이 이야기에 비판적인 태도를 보이는 사람은 아마 다음과 같은 식으로 폭로하고자 할 것이다.

"누군가가 글을 써요. 인도에 가면 간혹 길거리의 거지가 엄청난 삶의 지혜를 일깨워주는 경우가 있다고요. 성자는 별게 아니고 바로 그 거지가 성자라고 찬양하는 거죠. 졸지에 거지가 성자로 둔갑하게 돼요. 많은 사람이 오랫동안 이런 식의 비현실적인 이야기에 감동해왔죠. 그런데 다른 누군가가 인도에 다녀온 뒤에 거지는 거지일 뿐이었고 거지 성자는 그 어디에도 없었다고 글을 쓸 수 있어요. 하지만 사람들은 이 새로운 이야기에 별다른 반응을 보이지 않아요. 거지가 성자라는 이야기에 더이상 감동하지 않고 새로운 것을 받아들이지도 않죠. 이는 인도에 대한 선입견이나 편견이 강하기 때문 아닐까요?

물론 거지 중에서 성자도 충분히 있을 수 있다는 점을 부정하지는 않는다. 문제는 거지를 그저 거지로 보는 태도에 가하는 폭력이다. 기지를 성자로 포장하는 상품이 워낙 광범위하게 팔린 상태이기 때문에 그 위력으로 말미암아 다른 상품은 진열대에 오를 기회조차 없다. 이 과정은 너무도 치밀하고 정교하여 대부분 파는 사람이나 사는 사람이 알아차릴 수 없다. 알아차리기 어려운 순수가 폭력이 되는 셈이다. 폭로해야 하는 것은 바로 이런 것들이다. 어쩌면 속지 않는 것이 가장 훌륭한 폭로일 수 있다.

폭로와 함께 진지하고 겸허한 성찰이 뒷받침되면 더욱 좋을 것이다. 명품 『기타』의 과장 광고와 『기타』를 제대로 알기보다 『기타』를 팔기에 더욱 골몰한 것과, 명품 『기타』를 사는 허영심으로 즐거워한 것과, 주는 대로 받아먹는 새끼 새처럼 『기타』를 정해진 이미지대로 소비한 것에 대해 가감 없이 평가하고 스스로에 대해 아쉬워하고 스스로를 부끄러워할 수 있다.

자본주의의 견고한 껍데기는 밖에서 두드려주지 않으면 그것이 있는지조차 알 수 없을 정도로 포착하기 힘들다. 사람들은 껍데기 속에 갇힌 채로 마치 윤회하듯이 사고팔기를 되풀이한다. 이럴 때 폭로야말로 껍데기를 깨고 알을 깨도록 만드는 외부로부터의 자극이다. 그리고 성찰이야말로 스스로 그것을 깨려고 행동을 시작하게 만드는 내부로부터의 충동이다.

이는 매우 소박한 시도이다. 그저 『기타』에 대한 관점이나 평가가 한 측으로 지나치게 치우쳐 있으니 균형이 회복되기를 소망할 뿐이다. 한 가지 더 소망한다. 개인의 영역으로만 가둬진 『기타』가 사회와 세계라는 영역으로도 확장되어 세상을 읽는 중요한 코드로 자리매김하게 되는 것이다.

다행스러운 점은 있다. 인도를 인도의 현실 그대로 보려고 하거나 인도를 다양한 시선으로 보려는 시도가 비교적 최근에 시작되었듯이 『기타』에 대해서도 그런 시도가 벌써 시작되고 있다는 점이다.


## 『기타』에 생명력을 불어 넣기 위한 제언

인도에서 『기타』는 처음부터 『성경』과 같은 위상을 차지하는 경전이 아니었다. 처음에는 그저 그런 경전 가운데 하나였다가 점차적으로 그 위상을 드높여갔다.

초기에『기타』가 크게 주목받지 못한 것은 인도라는 지역의 광대함과 인도 종교와 문화의 다양성을 생각해보면 충분히 수긍이 간다. 예를 들어 인도의 A라는 지역에서 가장 인기 있는 신이 B라는 지역에서는 거의 알려져 있지 않기도 하다. 그러니『기타』가 가장 권위 있는 경전이 되는 데 여러 조건이 복잡하게 작용했을 것임이 틀림없다.

『기타』는 역사적으로 두 번의 전환기를 맞이한다. 한 번은 영국 식민지 시대이고 또 한 번은 현대 요가가 성행하는 최근이다. 영국 식민지 시대에는『기타』가 인도 내에서 기독교의『성경』과 같은 위상을 부여받는다. 그리고 현대 요가가 성행하는 최근에는『기타』가 전 세계적으로 이름을 떨치게 된다.

이러한 점에서『기타』가 현재 표면적으로 대단한 위상과 권위를 가지게 된 것은 상당한 우연이 개입되었다고 짐작할 수 있다(운이 꽤 좋았다고 볼 수 있다).

결국『기타』가 왜 현재에 의미 있는 책인지 그 핵심 내용을 제시하지 못하면『기타』를 향한 모든 찬사와 찬미는『기타』를 죽음으로 내모는 장송곡에 지나지 않게 될 수도 있다. 운이 좋아서『기타』의 현재가 가능했던 것처럼 아주 우연히『기타』가 급작스럽게 몰락할 수도 있는 법이다. 헨리 데이비드 소로Henry David Thoreau(1817~1862)나 올더스 헉슬리Aldous Leonard Huxley(1894~1963) 등이『기타』를 진심으로 극찬하고『기타』를 통해 영적 체험을 했다고 해서, 또 이런 찬사와 찬미가 흔하다고 해서 『기타』가 더 의미 있는 책이 되는 것은 결코 아니다. 『기타』가 오랫동안 의미 있게 살아남으려면 실질적으로 그 내용이 『기타』의 위상과 권위를 뒷받침해주어야 한다.

『기타』는 신성불가침의 영역이 아니다. 그 누구든지 『기타』를 어떤 식으로든 재단하고 평가할 수 있다. 하물며 좋은 내용을 얻기 위해서라면 『기타』를 해부하고 검토하고 토론하며 전망하는 것이 오히려 권장할 만한 일이 아니겠는가. 인도에서도 경전을 이해하는 데 합리적인 논의가 필수불가결하다는 점을 인정해왔다. 경전을 읽은 부분에 관해서 여럿이 모여 우호적으로 이성과 논리를 통해 의심의 여지가 없을 때까지 논의를 해왔다.

『기타』는 힌두교라는 한 종교의 무수한 경전 가운데 하나일 뿐이다. 기독교의 『성경』이나 이슬람교의 쿠란, 불교의 불전들이나 힌두교의 경전들은 앞서간 인류가 남긴 소중한 지혜서이다. 그 지혜란 현재에 쓰지 않으면 죽은 지혜에 지나지 않는다. 그러니 힌두교의 오래된 지혜가 담긴 『기타』를 현재에 맞게 꾸준히 담금질해야 한다.

그리하여 마지막으로 던지는 질문은 이것이다.

"어떻게 하면 『기타』를 현재에 살아 있는 경전으로 계속 남게 할 수 있을까?"

『기타』는 힌두교의 최고신이 인간에게 들려주는 철학적이고 종교적인 노래이다. 『기타』는 많은 사람이 귀 기울여 들을 만한 가르침을 담은 지혜서이다. 이 지혜의 노래가 쉼 없이 생명력을 유지하려면 어떻게 해야 할까?

어렵지 않게 실행할 수 있는 방법들로 다음 몇 가지를 제시해볼 수 있을 것이다. 이는 생명력 있는 내용을 구하기 위한 방법들이다.

첫째, 과대평가와 과소평가를 하지 않도록 한다. 『기타』를 신비주의나 영성주의의 시각에서 접근할 때 주로 과대평가에 빠진다. 또 『기타』가 세상에서 가장 뛰어난 지혜를 담고 있다거나 인류에게 가장 보편적인 지혜를 담고 있다고 여기는 것도 엉성한 과대평가이다.

인도인이 『기타』를 과대평가하는 간접적인 예가 있다. 조금만 가방끈이 긴 사람이라면 『기타』의 어느 한 구절을 암송하면서 삶에서 대면하는 이런저런 문제에 관해 그 구절로써 평가하거나 적용하려는 태도가 그것이다. 그런데 이는 『기타』를 인용하기 위한 인용일 뿐 거의 설득력이 없는 경우가 대부분이다. 마치 몸에 맞지 않는 옷을 억지로 껴입은 것처럼 우스꽝스럽다. '『기타』 만능주의'에 빠진 듯한 사람은 『기타』를 경외하기만 할 뿐 이를 소중히 여길 줄 모른다.

과소평가는 어쩌면 더 위험할 수 있다. 이성과 합리성의 시대에 어찌 미개한 인도의 고대 문헌을 가져와서 마치 보물이라도 되는 것처럼 한바탕 난잡한 말들을 풀어놓느냐, 하는 그런 태도다. 눈이 있어도 읽으려 하지 않고 귀가 있어도 들으려 하지 않는다. 완고하게 자리 잡고 있는 서구적인 생각의 틀에 인도의 『기타』가 끼어드는 것을 거의 무의식적으로 밀어내고 결코 받아들이지 않는다.

『기타』에 익숙한 사람조차도 종종 과소평가에 가담하곤 한다. 하지만 과대평가에 적절한 근거를 내세우는 경우가 매우 드문 것처럼 과소평가에도 그런 경우가 매우 드물다. 대부분이 신념과 정서와 감정을 앞세운 채 『기타』를 거부하거나 폄하한다.

둘째, 전후좌우로 종횡무진하며 읽어보도록 한다. 전후라는 것은 과거와 현재를 가리키고 좌우라는 것은 저곳과 이곳을 가리킨다. 그러니 전후좌우란 모든 시간과 모든 공간을 의미한다. 그리고 종횡무진이란 거침없이 자유로움을 의미한다.

어떤 방식으로 『기타』를 읽는다는 것일까? 무수한 단층을 가진 과거와 '지금'이 밀착하면서 대화하도록 하고 인도와 서양과 또 어느 지역과 '여기'가 교차하면서 대화하도록 도모하는 방식이다. 이는 『기타』를 과거의 유산으로만 여기지 않고 『기타』를 인도만의 문화적 틀에 한정시키지 않는 방식이라고 할 수 있다. 『기타』를 읽고 있는 '지금 여기'를 중심으로 어떠한 선입견이나 편견 없이 『기타』를 자유자재로 풍성하게 해석해보자는 의도이다. 오늘날의 문제 상황으로 『기타』를 끌고 들어와야 한다. 『기타』가 그 문제 상황에서 얼마만큼 의의를 가지고 효용을 가지는지 확인해보아야 한다.

셋째, 횡설수설하며 함께 떠들도록 한다. 이건 굳어 있는 땅처럼 고집스런 기존의 생각들을 흩뜨리기 위한 작전이다. 난공불락의 무거운 관념들을 무너뜨리기 위한 작전이다.

다음은 이 떠들썩함을 위해 상상해보는 어떤 대화이다.

"그래요. 정말 말도 안 되는 횡설수설을 함께 함으로써 세련되고 진중하고 고압적인 『기타』 해석을 조롱할 수 있을 거예요."

"조롱에 그쳐서는 안 되겠죠. 횡설수설은 『기타』에 대한 도그마를 해체하는 일이기도 하고 동시에 창의적인 무언가를 구성하는 일이기도 해요. 횡설수설하는 수다 속에서 불통不通의 도그마를 의심하고 또 창의적인 아이디어를 찾아내는 거죠."

"그래요. 함께 모여 횡설수설하는 작전이 무척 재미있겠는걸요."

"답을 내지 않는 생각 속에 답이 있다고 하잖아요. 답을 정해놓지 않고 이야기를 하는 것이 오히려 나중에 답을 만들어낼 가능성을 더 많이 가진다는 뜻이죠. 주변적이고 시답잖은 이야기를 나누는 와중에, 또는 아주 우연적인 이야기가 뒤섞이는 와중에 더 좋은 묘책이 나올 수 있는 거잖아요. 종점을 향해 직선으로 곧장 달려가는 것보다 종점을 정해놓지도 않은 채 목적 없이 뛰어다니는 게 더 좋은 결과를 낳을 수 있다는 말이에요. 함께 횡설수설하는 가운데 새로운 해석을 이끌어내 『기타』에 관한 새로운 이야기를 여럿이 함께 다시 쓰는 것이기도 하지요."

넷째, 해석과 체험을 끝없이 순환시키도록 한다. 인도에서 해석과 체험은 항상 서로 순환하는 역사를 가진다. 인도에는 학자의 전통과 성자의 전통이 공존하는데, 학자의 이론적 성과는 성자의 체험으로 검증되고 성자의 체험적 성과는 다시 학자의 이론에 반영된다. 학자가 성자에게 확인받고 성자가 학자에게 추인追認받는 식이다.

이처럼 해석과 체험은 어느 하나가 우위에 있지 않다. 해석과 체험의 거리가 이따금 꽤 멀어질 때도 있지만 대개 둘은 대부분 동전의 양면처럼 서로 보완적이다. 심지어 해석이 곧 체험이고 체험이 곧 해석인 경우도 있다. 『기타』에서도 그 새로운 해석이 삶의 체험(적용)으로 이어져야 하고 그 체험 때문에 해석이 다시 수정되는 순환의 과정이 되풀이되어야 한다. 『기타』와 같은 경전은 삶에 긍정적인 변화를 가져오는 게 주요 목적이라고 하지 않는가. 새로운 해석이 체험으로 이어지지 않으면 공허할 뿐이다. 그리고 그 체험이 다시 해석에 투영되지 않으면 반성과 발전이 없다.

이상의 몇 가지 방법이 자동으로 『기타』에 관한 의미 있는 내용을 담보해주거나 『기타』의 오랜 생명력을 담보해주지는 않는다. 그러나 적어도 여러 가지 시도를 하는 데 활력을 줄 수는 있을 것이다. 그리고 이미 이러한 방법들은 현재 『기타』를 둘러싼 채 조용히 진행되고 있음에 틀림없다. 눈에 잘 띄지 않아서 단지 그 찬란한 움직임이 보이지 않을지도 모른다. 아마 무수한 지성이 깊숙한 저 층에서 열을 피우며 뜨거운 용솟음을 준비하고 있을 것이다.『기타』가 삶을 억누르지 않고 삶이『기타』를 불러들이는 식으로,『기타』가 세상을 뒤덮지 않고 세상이『기타』를 열어젖히는 식으로 현재에 놀랄 만한 움직임이 진행되고 있을 것이다.

그렇다면『기타』가 어떤 얼굴을 하고 다시 나타날지 설레는 마음으로 기대해도 좋지 않을까? 다시 나타나는『기타』는 영웅 같은 얼굴이나 인형 같은 얼굴이 아니라 풍부한 표정을 가진 얼굴이 아닐까? 오래된 전통의 주름들이 희미하게 남아 있고 영롱한 해석들의 잔상이 우아한 선을 이루고 웃음기 가득한 일상의 즐거움이 귀까지 걸려 있고 균형 잡힌 마음이 눈매를 따라 흐르는 그런 얼굴로 다가오지 않을까? 무엇보다도『기타』에 관해 뭐든지 시끌벅적한 대화가 없다면『기타』는 결코 주목받는 인류의 유산이 될 수 없지 않을까?『기타』의 두 주인공이 가장 기뻐할 일은 오늘날 무수한 사람들이 그 둘의 대화를 유쾌하게 이어나가는 모습이지 않을까? 그 둘의 대화가 여러 사람이 나누는 토론의 형태로 널리널리 퍼져나가는 정다운 풍경이지 않을까?

이 모든 것을 위해 오늘 세상의 눈으로『기타』를 읽는 것이 좋겠다. 아주 느긋하게 아르주나의 고통을 공감하고 크리슈나가 설득하는 내용을 이리저리 따져보고 몇몇 문구가 불러일으키는 상상의 기쁨을 만끽하고 고대의 지혜서가 은근히 던져주는 영감과 암시에

흥분하면 더욱 좋겠다. 마지막으로『기타』를 읽고 즐기는 상식적이
고 파격적인 자신을 향해 알 듯 모를 듯한 성숙의 미소를 짓고 있
다면 더더욱 좋겠다.

# 참고문헌

김호성, 「『바가바드기타』를 읽는 틸락의 분석적 독서법」, 『종교연구』 35집, 한국종교학회, 2004.

박효엽, 「『바가와드 기따』에 나타난 끄르슈나의 논증과 그 평가」, 『인도철학』 27집, 인도철학회, 2009.

심재룡, 「『바가바드 기타』를 풀어본다」, 『철학과현실』 2호, 철학문화연구소, 1988.

B.G. Tilak.(tr.) B. S. Sukthankar, *Srimad Bhagavadgītā-Rahasya or Karma-yoga-sastra*, 11th Edition, Kesari Press, 2004.

Bimal Krishna Matilal (ed.), Jonardon Ganeri. *Ethics and Epics*, Oxford University Press, 2002.

Gandhi, Mahatma. 『평범한 사람들을 위해 간디가 해설한 바가바드기타』, 이현주 옮김, 당대, 2001.

Koller, John. 『인도인의 길』, 허우성 옮김, 소명출판, 2003.

Nandy, Ashis. 『친밀한 적』, 이옥순 옮김, 신구문화사, 1993.

Rajneesh, Osho. 『지금 여기의 신 크리슈나』, 김병채 옮김, 슈리 크리슈나다스 아쉬람, 2004.

Satya P. Agarwal. *The Social Role of the Gītā*, Motilal Banarsidass Publishers, 1993.

Shripad Krishna Belvalkar. *The Bhagavadgītā*(Being Reprint of Relevant Parts of Bhīṣ maparvan from B. O. R. *Institute's Edition of the Mahābhārata*, Bhandarkar Oriental Research Institute, 1968.

S. M. Srinivasa Chari. *The Philosophy of the Bhagavadgītā*, Munshiram Manoharlal Publishers, 2005.

S. Radhakrishnan. *The Bhagavadgītā*, George Allen And Unwin LTD, 1948.

Surama Dasgupta. *Development of Moral Philosophy in India*, 2nd Edition, Munshiram Manoharlal Publishers, 1994.

SwāmīGambhīrānanda. *Bhagavadgītā with the Commentary of śaṅkarācārya*, Advaita Ashram, 1995.

## 더 읽어볼 책들

길희성 옮김, 『바가바드기타』, 현음사, 1988
해설 없이 『바가바드기타』를 처음부터 끝까지 곧장 읽고 싶다면 이 책을 집어들어야
한다. 원문과 번역문을 함께 실은 가장 모범적인 번역서라고 할 만하다. 비교적 원
문에 가깝게 번역했기 때문에 인도 사유의 독특한 면모를 이해할 수 있고, 또 시적
인 언어를 구사했기 때문에 문학작품으로서의 『바가바드 기타』를 만끽할 수 있다.

라다크리슈난 지음, 허우성 옮김, 『인도인의 인생관』, 서광사, 1994
힌두교를 이해하는 데 좋은 안내서이다. 현대 인도를 대표하는 지성 라다크리슈난
이 서구인들에게 힌두교의 종교적 정체성을 이해시키려는 목적에서 썼다고 보면 된
다. 이 책을 읽으면 『바가바드기타』에서 말하는 다르마(의무)나 카르마(업)에 대해
더 잘 알 수 있을 것이다.

박지명 옮김 · 주석, 『스리마드 바가바드기타』, 동문선, 2007
전문을 번역하면서 각각의 2행시에 산스크리트어 원문, 용어 풀이, 번역, 해설을 함
께 실었다. 번역문만 따로 읽기 힘들게 구성한 점이 약간 아쉽지만 해설을 읽는 재
미가 쏠쏠하다. 인도의 사상, 종교, 수행 등에 대한 지식과 개인적인 영적 체험이 잘
조화를 이룬 옮긴이의 해설이 매우 섬세하게 다가온다.

오쇼 라즈니쉬 지음, 김병채 옮김, 『지금 여기의 신 크리슈나』, 슈리 크리슈나다
스 아쉬람, 2004
크리슈나에 대한 라즈니쉬의 힘 있는 찬사와 개성 넘치는 해석이 돋보이는 책이다.
이 책에서 크리슈나란 후대 인도의 여러 문헌에 등장하는 대중화된 캐릭터를 가리
킨다. 하지만 『바가바드기타』의 크리슈나에 대해서도 상당 부분 언급한다. 라즈니쉬
의 삶에 대한 통찰과 창의적인 세계 전망을 읽을 수 있다.

임승택 옮김, 『산스크리트어를 배우며 읽어 보는 바가바드기타 강독』, 경서원, 1998
제목이 암시하듯이 『바가바드기타』의 산스크리트어 원문을 문법적으로 하나도 빠짐없이 분석하면서 번역한 책이다. 산스크리트어 강독 연습을 원하는 사람이나 『바가바드기타』의 원문을 음미해보고자 하는 사람이라면 이 책을 골라잡아야 할 것이다.

이현주 옮김, 『평범한 사람들을 위해 간디가 해설한 바가바드기타』, 당대, 2001
마하트마 간디가 『바가바드기타』를 9개월 동안 매일 강독한 것을 기록한 책이다. 간디가 『바가바드기타』를 순서대로 읽어가면서 해설을 덧붙이는 구성이다. 삶에 대한 그의 지혜를 깊이 배울 수 있고 그의 전인적인 면모에 충분히 공감할 수 있을 것이다. 책의 제목처럼 간디의 해설은 인도적인 사유나 문화에 익숙하지 않은 평범한 사람들도 『바가바드기타』에 쉽게 다가갈 수 있게끔 쉽고 유익하게 풀어낸 것이 인상적이다.

정창영 옮김, 『바가바드 기타』, 시공사, 2000
직역이 아닌 의역이 많지만 매우 짧은 문장으로 속도감 있게 원문을 번역한 것이 강점이다. 전문 번역과 함께 각 장의 끝에 해설을 달아놓았고 책의 말미에는 해제를 덧붙여놓았다. 해설은 부드럽고 이해하기 쉽고 또 상세하기도 하다. 『바가바드기타』를 향한 옮긴이의 애정이 물씬 묻어 있는 책이다.

정태혁 지음, 『법구경과 바가바드 기타』, 정신세계사, 2009
지은이는 불교와 힌두교에서 각각 가장 중요한 경전인 『법구경』과 『바가바드기타』의 가르침을 대비시킨다. 진리, 진정한 행복, 참된 자아, 지혜, 구도, 깨달음 등의 주제에 대해 두 경전이 어떻게 말하고 있는지 원문을 잘 병렬해놓았기에 입맛에 맞는 주제를 찾아 순서에 상관 없이 읽어도 좋다. 더불어 인간, 삶, 세상에 대한 지은이의 깊고 넓은 사유와 체험을 엿볼 수 있을 것이다.

잭 홀리 지음, 이지수 옮김, 『오늘을 위한 인도의 지혜 바가바드 기타』, 체온 365, 2007
『바가바드기타』의 가르침을 선택적으로 재구성한 아주 작은 책이다. 지은이는 크리슈나 신의 가르침을 통해 독자들에게 참된 자아, 영적인 삶, 지고한 신 등을 추구하는 명상의 삶을 안내하고자 한다.

존 M. 콜러 지음, 허우성 옮김, 『인도인의 길』, 소명출판, 2003
다소 두꺼운 이 한 권의 책을 다 읽는다면 인도에 관한 인문학적 소양을 완비할지도 모른다. 독자를 배려하는 지은이의 서술 방식은 부드럽고 친절하며 동시에 그 내용은 전문성이나 학자적 전망으로 넘친다. 『바가바드기타』와 직간접적으로 관련되는 내용도 매우 풍부한 편이다.

하인리히 짐머 지음, 김용환 옮김, 『인도의 철학』, 대원사, 1992
옮긴이가 밝히듯이 이 책은 저자의 학자적인 기품과 인도적 사유에 대한 직관으로 충만하다. 인도인의 특이한 사고방식이 가지고 있는 근본 지점을 쉽고 명쾌하게 밝혀줌으로써 『바가바드기타』와 같은 인도 고전을 읽는 데 좋은 토대가 될 만한 책이다.

함석헌 주석, 『바가바드 기타』, 한길사, 1991
함석헌이라는 인물이 왜 그렇게 대단한지 실감할 수 있는 책이다. 함석헌의 전문 번역과 용어풀이가 실려 있고 적재적소마다 그가 여러 권위자나 경전의 말씀으로부터 가져온 해설이 뒤따른다. 힌두교, 기독교, 유교, 도교, 불교, 이슬람교 등 여러 종교의 지혜들이 『바가바드기타』라는 하나의 마당에서 종교의 융복합을 웅장하게 펼친다.

# 불온한 신화 읽기

ⓒ 박효엽 2011

초판인쇄 2011년 11월 7일
초판발행 2011년 11월 15일

지은이 박효엽
펴낸이 강성민
편집 이은혜 박민수 김신식
마케팅 최현수
온라인 마케팅 이상혁

펴낸곳 (주)글항아리 | 출판등록 2009년 1월 19일 제406-2009-000002호

주소 413-756 경기도 파주시 문발동 파주출판도시 513-8
전자우편 bookpot@hanmail.net
전화번호 031-955-8891(마케팅) 031-955-8898(편집부)
팩스 031-955-2557

ISBN 978-89-93905-77-9 03100

글항아리는 (주)문학동네의 계열사입니다.

이 도서의 국립중앙도서관 출판시도서목록(CIP)은 e-CIP홈페이지(http://www.nl.go.kr/ecip)와
국가자료공동목록시스템(http://www.nl.go.kr/kolisnet)에서 이용하실 수 있습니다.(CIP제어번호: CIP2011004570)